图说天下·国家地理系列

# 绝色山东

倾城岁月里的
水色山青

木梓 著

四川人民出版社

图书在版编目（CIP）数据

绝色山东，倾城岁月里的水色山青 / 木梓著 . -- 成都：四川人民出版社，2019.10
（图说天下 . 国家地理系列）
ISBN 978-7-220-11459-5

Ⅰ. ①绝… Ⅱ. ①木… Ⅲ. ①旅游指南—山东 Ⅳ. ① K928.952

中国版本图书馆 CIP 数据核字（2019）第 109177 号

## JUESE SHANDONG QINGCHENG SUIYUE LI DE SHUISESHANQING
## 绝色山东，倾城岁月里的水色山青

木梓 著

| 责任编辑 | 任学敏　邹　近 |
| --- | --- |
| 责任校对 | 申婷婷 |
| 封面设计 | 罗　雷 |
| 版式设计 | 周　正 |
| 责任印制 | 李　剑 |

| 出版发行 | 四川人民出版社（成都市槐树街 2 号） |
| --- | --- |
| 网　　址 | http://www.scpph.com |
| E-mail | scrmcbs@sina.com |
| 新浪微博 | @ 四川人民出版社 |
| 微信公众号 | 四川人民出版社 |
| 发行部业务电话 | （028）86259624　86259453 |
| 防盗版举报电话 | （028）86259624 |
| 照　　排 | 日晨图书 |
| 印　　刷 | 艺堂印刷（天津）有限公司 |
| 成品尺寸 | 170mm×240mm |
| 印　　张 | 13 |
| 字　　数 | 280 千字 |
| 版　　次 | 2019 年 10 月第 1 版 |
| 印　　次 | 2019 年 10 月第 1 次印刷 |
| 书　　号 | ISBN 978-7-220-11459-5 |
| 定　　价 | 29.90 元 |

■版权所有·侵权必究
本书若出现印装质量问题，请与我社联系调换
电话：（010）82021443

## 前言 Foreword

月影花前，春秋辗转，总叹流年；风翩雪舞，山河敷彩，常待烂漫。

踏着柳烟，踩着樱絮，漫步时光的转角，梅喃筝语中，最倾城，不过齐鲁。

云海横波蓬莱月，暮雪萦辉泰山松，零落在儒海书山中的孔庙氤氲的从不是怅惘，欸乃于微山红荷里的晴烟却常歌着夕阳。

或许，山东从来都不是最精致的地方，但走在这片被历史的烽岚笼罩了数

千年的土地上，看着那水色山青，看着那古瓦藤萝，不经意间，眸中便已蓄满了浓浓的感动。

在这里，你不仅能随时聆听那海浪中翻卷的时光絮语，亦能在峡谷中、山川上、繁花间、鼓乐里，收获一份独属于山东的多彩与雍容。

青岛繁华且明秀，崂山的道韵旖旎了栈桥的明月，金沙滩的白浪则常把八大关的花楼林海悠扬；日照清婉而纯美，河山侧畔，东风吹落了一地的绯红，海滨森林，一抹云帆与白鹭齐飞；威海是个浪漫的地方，刘公岛的山花烂漫了斜阳，烟墩角的晚霞映红了银滩，神雕与海驴的世纪大战更惊艳了摩天岭灼灼的艳阳；九曲横斜，芦花落日，海蓝与苍黄依旧演绎着黄河口的倔强，火红的怪柳便淋漓了东营的怅惘；尼山很美，六艺城的钟声潋滟了阙里的黛翠，儒林飘雪，三孔的朗朗书声总叙述着沧桑，碑苑青林里，亦常有圣人的清音回荡……

四海那么大，精彩那么多，亲爱的你，总该去看看！无须最美的时光，无须最静好的流年，只要，走出去便好。只有走出去，你才知道，窗外有远方，花间有向往，石上有流岚，桥上有相思；才知道，外面的世界，真的很大很大、很好很好，一如山东，一如那惊艳了北国的齐鲁风情！

行走阡陌,
习惯了喧嚣。
一丝沁人心脾的清凉,
一片泛黄知秋的叶子,
让缠绕的思绪渐次绽放,
将内心的荒芜耕种成多彩世界。

任长长的岁月，
铺开最美的风景，
携一缕温柔的霞光，
寻一路心灵的相遇。

我们
曾如此渴望命运的波澜，
到最后才发现，
人生最曼妙的风景，
竟是内心的淡定与从容。
　　　　　——杨绛

# 目录 contents

## Chapter 1　最山东，最旖旎，最名城

恋上青岛，崂山惊艳了金沙滩 …………… 2

威海，神雕与海驴的世纪大战 …………… 9

邂逅济南，大明湖畔荷花开 …………… 16

烟台，蓬莱阁中有八仙 …………… 21

泰安，处处风华皆倾城 …………… 26

晴烟晚照，济宁的渔歌独好 …………… 32

**专题　封禅之山，蓬莱之东：
有一种风情，叫山东** …………… 38

## Chapter 2　撑一支长篙，漫溯时光

曲阜，三孔六艺儒林颂 …………… 44

临淄，故都的绝世风情 …………… 50

聊城，旖旎阿尔卡迪亚 …………… 56

邹鲁圣贤乡，邹城 …………… 62

东临碣石，滨州苹果香 …………… 68

**专题　岁月的雍容：山东民俗多烂漫** …… 74

## Chapter 3　一座城，一段情，一种绝色

绿洲白浪，潍坊放纸鸢 …………… 80

淄博，周村与鲁山的绝世恋歌 …………… 86

亲爱的，快来章丘看长城 …………… 92

长岛，九丈崖前月色悠 …………… 98

莱芜，鹏山雪野桃花红 …………… 104

君山望海，枣庄多奇秀 …………… 110

**专题 牧歌咏田园：今生必去的山东小镇 116**

## Chapter 4 眷眷山东，回眸一望已倾城

决战东营，黄河口 VS 天鹅湖 …………… 122

五莲扬帆，悠悠日照 …………… 128

德州，禹王亭外枣森森 …………… 134

热恋在青州，北方九寨沟 …………… 140

胶州，三里河代表我的爱 …………… 146

山水临沂，古城的田园牧歌 …………… 152

菏泽，黄河晚渡牡丹娇 …………… 158

**专题 咬掉舌头也要吃：山东美食大揭秘 164**

## Chapter 5 水色山光，小城故事多

聚义梁山，水浒一百单八将 …………… 170

金山春晓，巨野洞中天 …………… 176

莱州，月季花开的日子 …………… 181

海阳，万米沙滩是怎样炼成的？ ……… 186

**专题 游山东，怎能不大方：特产在路上 192**

Chapter 1

最山东，最旖旎，最名城

## Qingdao
## 恋上**青岛**，崂山惊艳了金沙滩

细雨明漪，崂山的叠石垂落了水云；惊涛叠翠，栈桥的澜阁汹涌着日光；八大关描摹着金沙滩的旖旎，海洋馆激漩着劈叉院的荣光，五四广场悠扬着岁月，浙江路的教堂烙印着旧时光……青岛，唯美若斯，原也应当。

青岛，位处山东半岛东南，濒黄海，是国家历史文化名城，滨海度假胜地，海上丝绸之路枢纽城市。青岛的红瓦绿树、碧海蓝天，明秀别样，它素有"东方瑞士"的美誉。

青岛旧称岛城、琴岛，因青黛如画的小青岛而得名，自新石器时期开始，青岛就已是历史芳馨之地，孕育了大汶口、龙山、岳石等各种绮丽古远的文化。秦始皇统一中国后，三登琅琊，从此珠山莱水之畔，便有了青岛数千年的繁华。

熟悉青岛的人都知道，青岛其实是一座"山、海、城"唯美相融的城市，海畔

▶青岛啤酒以优质的大麦、大米和洁净甘美的崂山矿泉水为原料酿制而成。它清澈透明，呈淡黄色，泡沫清白、细腻而持久。如今它已成为青岛的城市名片之一，来青岛不能不喝青岛啤酒。

Chapter 1 · 最山东，最旖旎，最名城 ·

▲华灯初上，霓虹扮靓的高楼大厦矗立在宁静的海边，青岛美成了童话世界。

有山，山畔有城，城畔有海。漫步青岛，街头巷陌间总难掩一丝蓝色的浪漫，老城区窄窄的长街总延展着异域的风情；新城区璀璨的霓虹闪耀的是都市的大气磅礴；而冒着泡沫的青岛啤酒张扬的却是青岛乡土的味道。

当然了，在青岛最旖旎、最烂漫的，其实还是崂山。

## 绝代神仙所，海上第一山：崂山

泰山虽云高，不如东海崂。

崂山是中国海上第一山，道教祖庭，位处黄海之滨，海拔1132.7米。东部峰

◀ 崂山日出

登临崂山山顶，静静等待星月消逝，东方泛白，直到那一抹光亮燃亮沉寂的天空，太阳从地平面缓缓升起，刹那间，霞光瑞气，照彻天际，美得摄人心魄。

峦叠嶂、壁立千仞、巉岩怪石林立，深杳奇秀；西部丘陵蜿蜒、高低起伏之间流动着一种不一样的缥缈与清丽。

崂山海岸线绵长，海映山光，道韵悠长，以"崂山十二景"著称。

崂山十二景：巨峰旭照、龙潭喷雨、明霞散绮、太清水月、海峤仙墩、那罗佛窟、云洞蟠松、狮岭横云、华楼叠石、九水明漪、岩瀑潮音、蔚竹鸣泉，一景一重天，不一样的风格，不一样的景致，演绎的却是同样的美好与绚烂。

巨峰旭照是十二景之冠。

巨峰，为崂山主峰，又名崂顶，高接重云，山势峭拔。沿着略染了些青苔的石阶，走过一线天的天光云影，走过黑风口的粗犷野性，走过灵旗峰的个性张扬，一路向上，不知不觉，便已登临山巅。

东方初白时，站在山巅，远眺黄海，一缕缕仿佛融入了无限明媚的光辉自海天深处缓缓地扩散。起初，还很和缓，但某一瞬间，融融大日就仿佛收到了某种信号，霍然升腾，那种无尽磅礴中的壮美，唯其亲见，方能领略。

看罢日出，趁晓雾未开，朝霞未散，踩着阳光，来到太平宫畔的狮子岭，露珠沾湿了脸颊，几块相互堆叠、仿似雄狮、横卧在苍茫云雾间的巨石则惊艳满眼。狮岭横云，妙趣天成，不外如是。

在云雾里漫溯，不断深入、深入，恍惚之间，便到了白云洞。

白云洞在崂山之东，洞畔多藤萝，白云眷眷而出，洞顶，一株华盖古松，势若腾龙，翩翩惊鸿之间，绿荫浓重。松针错落间，流转的全都是柔情，特别是煌煌冬日，白雪俏立松枝的时候，此中柔情，更觉缱绻。试问情之所钟何处？明霞也。

明霞洞在太清宫北，竹树葱茏、花木烂漫，峭壁重叠、沟壑深幽，每当夕阳西下，变幻万端的霞光铺满整片山峦时，山光水色、霞辉树影便会交织出一种别样的绮丽画卷，明霞散绮，丽质天成，也难怪云洞蟠松对它恋了千年。不过，可惜的是，明霞的霞光眷眷的却只有太清的月明。

始建于西汉建元元年（前140）的太清宫为崂山"九宫八观七十二名庵"之首，背倚七峰、面朝黄海，建筑古拙、大气堂皇，古往今来，无数有道全真在这

▲崂山气势雄伟,山海相接,岚光变幻,云气离合,是闻名遐迩的海上名山。

里留下了自己的传说,亦造就了崂山道教的荣光,北国江南,名士荟萃,风光一派独好。

太清宫,最唯美的是水月。海上月出,情趣别样。

万籁俱寂,夜色朦胧,一团金辉拖着皎皎的明月自深蓝的海面上袅袅而出,月辉漫洒、细浪声声、烟澄潮平、浮光潋滟,委实惊艳异常。

除了霞光云海、日晖月影,崂山的水景也格外倾城。

南麓的龙潭瀑,高垂于百尺悬崖之上,水雾咆哮着烟霞,虹光纷飞着雪舞,素湍飞流,矫若飞龙,蔚为壮观。北麓的九水,迤逦九涉,明漪十八潭,水光清澈,潺潺淙淙映着山石,潭畔,橙红色的青岛百合更氤氲着山间独有的灵秀。九水尽头,峭壁千仞,裂若石门,石门开处,有岩瀑飞流直下,扑面的银花散若细雨,青松白石之间,常有潮音激荡,澎湃如雷。九水村东,凤凰山下,苍松竞秀、溪涧轻流,蔚竹庵畔,更有泉水叮咚,泉声远传,凝着山色几千重,绝艳倾城。

此外,崂山头南,还有一片苍茫了岁月的海蚀景观,断崖之下,海涛澎湃,十多块两米多高的石墩隐现于碧蓝的海水之间,崂山石景之奇,莫出其右。或

·绝色山东，倾城岁月里的水色山青·

许，也唯有用花岗岩写成了绝世佛歌的那罗佛窟以及华楼山摩霄卓立的聚仙台才勉强能与之争锋吧。

## 碧海潮生把臂歌

崂山悠悠隐道韵，碧海潮生把臂歌，当水月横云、旭照潮音迷了眼帘，去金沙滩酣畅淋漓地享受一把日光便成了最绝妙的选择。

金沙滩，位处黄岛开发区东南，仿佛一片遗世独立的海畔净土。

这里，没有第一海水浴场的喧嚣，也没有第六海水浴场的热闹，但却独有几分清新明媚的气质。

金黄色的沙，粒粒分明，映着金色的阳光，就仿佛是一颗颗绝美的金珠。阳光晴好的日子，赤着脚丫，在柔软的沙滩上纵情地奔跑、打滚、撒欢；银涛拍岸的时候，与心爱的人一起漫步、掬一捧爱情沙；海风微醺的季节，带着孩子，一起在沙滩上做沙雕、放风筝、玩玩海盗船和旋转木马，或者一个猛子扎进海中，游游泳、踏踏浪、骑骑水上自行车，打打沙滩排球，其实都是不错的选择。

花开半夏的时候，金沙滩上还会举行盛大的文化节，喜欢音乐和篝火的小伙伴届时可千万别忘了呼朋引伴来凑个热闹。

当然了，在青岛最热闹、最浪漫的地方从来都不是金沙滩，而是栈桥。

栈桥是一条长440米的海上走廊，始建于清光绪年间，长桥海涛、玉雪回澜、净秀非常，100多年来，一直都被视为青岛的象征。

落日熔金时，漫步栈桥之上，仰首，可见沙鸥翔集；低头，可见碧海潮生；远眺，小青岛的婆娑绿树、亭亭白塔立时便成了眸中最明媚的底色。

栈桥的尽头，是回澜阁。晨起漫回澜，拍岸的惊涛卷起的是雪色的幻梦；日暮观无名，赭色的岩礁嶙峋的再

◀青岛八大关景区宁武关路海棠花　　　　　　　　　　　　　　　　▲青岛栈桥

不是岁月，而是海滩上错落的海贝以及阁中的无字碑。

## 美丽错落在时光里

　　挥一挥衣袖，告别栈桥的浪漫，蓦然回首时，八大关的红瓦绿树、花楼林荫便已映入眼帘。

　　八大关，位处青岛市南，属于青岛老城区，是一片由十数条道路纵横交错而成的风景区。青岛老城，原就是一片充满欧陆风情的桃源，而八大关，更是桃源之中的桃源。八大关的盛景有两处：一是葱茏的花木，二是建于20世纪初的300多栋别墅。

　　八大关街巷纵横，每一条街巷都有着自己的"花之物语"：韶关路的碧桃常用桃红潋滟春光，正阳关路的紫薇总用紫红葱茏盛夏，宁武关路的海棠竟用粉红惊艳了深秋，紫荆关路的雪松更用峭拔征服了寒冬。此外，临淮关路茂盛的龙柏、函谷关路高大的法国梧桐、居庸关路的灿灿银杏、嘉峪关路如火的五角枫也都是难得一见的花木盛景。

绝色山东，倾城岁月里的水色山青

◀ 青岛五四广场

当然，八大关最唯美、最绝丽的还是它的建筑。

八大关，素有"万国建筑博览会"之称，俄、英、法、德、美、日、丹麦、瑞士等20多个国家风情各异的建筑荟萃于这片土地上。花石楼洋溢着浓郁的欧陆古典风情，元帅楼张扬着大和式的岛国浪漫，公主楼是丹麦童话在人间的折射，东方饭店从来都不缺乏美利坚式的明快流畅……

看遍了八大关的繁华之后，倒不妨去五四广场逛逛。

"五四运动"是中国旧时代与新时代的分野，五四广场也是青岛古拙老城与时尚新城的分野。

五四广场是为了纪念"五四运动"而建，广场并不是很大，广场中间矗立着一座火红色的经典雕塑——"五月的风"。它是青岛的地标，象征着青岛的城市精神。华灯初上时，灯光映得火红，广场边，还有流浪艺人依着喷泉放歌，很是漂亮。站在广场上，还能遥望对面的奥帆中心，夜色中，万千点白帆映着碧海，旖旎别样。

在"五月"的"风"中曼舞一夜惊鸿之后，若有闲暇，还可以到江苏路看看黄墙红顶的基督教堂，到信号山去看看"红楼暮霞"，到啤酒博物馆去看看原生态的啤酒生产线，到胶州湾去瞅瞅落日中的大桥。当然了，海军博物馆、灵山岛、天幕城、小鱼山公园、德国风情街等地也都值得一去。

崂山奇秀，栈桥回澜，叠石垂落了水云，金沙滩悠扬了日光，八大关的翠色中流转着青葱的向往，青岛，唯美若斯，原也应当。

 **旅程随行帖**

### 青岛国际啤酒节

青岛国际啤酒节，肇始于1991年，是青岛最盛大的节庆之一，为期16天。每年8月啤酒节期间，青岛国际啤酒城瞬间便化作了一片欢乐的海洋。啤酒节嘛，所有的活动自然都围绕着啤酒，啤酒品饮、啤酒文化展、啤酒酒标展、啤酒嘉年华盛况空前，饮酒大赛上更是酒仙迭出。此外，自行车特技表演、摄影大赛、武术大赛、啤酒海鲜大赛、美食节等亦不知夺了多少人眼球。

▲海边的"大相框"雕塑是威海的标志性建筑之一,深受游客的喜爱。

## 威海,神雕与海驴的世纪大战

刘公岛上,千百次的凝眸,茫茫碧海常倒映着深情的艳阳;成山头下,数不清的邂逅,神雕海驴总恋恋于赤山的妖娆;或许,银滩的白浪与西霞口的绿波确实相得益彰,但在威海,最美的却永远都是摩天岭那悠悠的明月光。

甲午烽烟惊绝世,银滩碧海滟倾城,威海,自古而今,皆闻名遐迩。

位处山东半岛东端的威海,不仅是山东历史最悠久的文化名城,也是国内最闻名遐迩的海滨度假胜地。它三面临海,一面环山,山磅礴,水宕阔,千万年的岁月迤逦于山水之间,不经意时,已化作了最盛美的容颜。神雕山、海驴岛、烟墩角、天鹅湖、赤山、华夏城、西霞口、摩天岭……水清沙白,树绿花红,威海风情别具的地方实在是太多太多,但最烂漫、最清婉的,却还要属刘公岛与成山头。

## 桃源望断处，日舞天尽头

千年烟雨话霓裳，雪落青穹明月光。威海湾墨蓝色的海水溅起了太多的倾城，却唯有刘公岛能在暮雪斜阳后，仍将不泯的童话演绎。

刘公岛，是威海的地标之一，位处威海湾内，岛不大，却钟灵毓秀，风姿明媚，素有"海上仙山""世外桃源"的美誉。漫步岛上，随处可见山花烂漫、翠柏葱茏，黑松树浓绿的叶片似乎早已将澎湃的海涛沉淀，所以，岛北壁立千仞的海蚀崖下，才听不到零落在风中的铁血礼赞。但历史峥嵘，怎容忘却？事实上，邂逅刘公岛的人，或多或少都对曾经的"亚洲第一舰队"存了向往。

100多年前，一场海战，惊了世界，北洋男儿用自己的傲骨书写了定远舰"不沉"的传奇。100多年后，征尘已化烟云，但那氤氲着沧桑气息的水师衙门、斑驳着岁月的炮台、沉淀着北洋荣光的铁码头、熔铸了军魂的甲午战争博物馆却似在回溯着时光，将曾经的热血与壮烈一一在现实中重现。

当然，若你无意于那份烽火中的沉重，也可以沐浴着午后最柔和的阳光，去

Chapter 1 · 最山东，最旖旎，最名城 ·

▲刘公岛望海楼

望海楼地势高旷，周围遍布曲盘虬蔓的苍松，登上顶部，烟波浩渺的大海一览无余。

◀天尽头

拜谒战国遗址，去追寻刘公的传说，抑或，把酒长歌，乱入密林深处，探一探那隐藏在蓊郁林木间的各种桃源与传说，譬如望海楼畔萦绕着五色光辉的五花石；譬如板姜石侧，壁立千仞的听涛崖；又譬如龙王庙外，那关于抹香鲸的传说……

　　绿荫遮天，枝叶横斜，踏着朵朵山花，一路向前，或许，你无缘与邓世昌、丁汝昌的塑像擦肩，但在刘公岛蓊郁的森林中，永远都不会缺少梅花鹿的陪伴。一只只呆萌的小鹿就像一个个欢快的森林精灵，引领着你我，向森林更深处漫溯，漫溯，直到"天尽头"。

　　"天尽头"，又名成山头，是南北黄海的分野，位处威海成山镇，春秋慕朝舞，汉歌歌苍茫，素有"东方好望角"之誉。

　　昔日，始皇东巡，于此观日，自此，成山头的海日便成了黄海之滨最炫美的一道风景。

　　东方微白时，抱着膝，静静地坐在沙滩上，耳畔，仍有漫卷了夜色的涛声在回响；唇边，尚有几许独属于海的湿咸缓缓弥漫；一点淡淡的、柔柔的红却已在

·绝色山东，倾城岁月里的水色山青·

瞬间攫取了眸底所有的眷恋。仿佛是一瞬间，又仿佛已过千年，那抹清清浅浅的红在潋滟的白浪中蒸腾成了最璀璨、最热烈、最夺目的金。金辉糅着赤焰，于水天宕阔间，遮了满眼。那般磅礴，那般气派，那种气象万千，无论如何，都不容错过。

### 日暖银滩雪，碧潋威海潮

威海有三景：海日浩渺成山头，树莺流岚刘公岛，清蓝如梦银沙滩。已经邂逅了刘公岛的浪漫，体会了成山头的迷人，自没有理由与银滩擦肩而过。

威海是一座海滨城市，以岛为魄，以海为魂，海张扬的才是它最本真的妩媚，而乳山银滩，则是这绝世妩媚中最清婉的一笔。站在银滩如棉似雪的沙滩上，眺望着水天相接处那一抹唯美的虹光，眸中，便已盈满了阳光艳遇沙滩时的惊艳。待滩畔的万里林海、嶙峋暗礁赫赫扬扬地闯入眼帘，惊艳早凝成了震撼。

银滩素以"天下第一滩"之名闻名遐迩，不仅林秀海碧、礁奇滩曲，更别有一番宁静中的精致。银滩的海与天，流淌的是一种莹润的湛蓝色，不浓烈、不厚重，却雅淡。黄昏日暮，晚霞漫天时，坐在海边的茶座里，品着咖啡，看着落日，总觉岁月额外静好。银滩的沙，腻若凝脂，莹白绵软，花开烂漫的时候，躺在沙滩上，就好像泡进了温泉里，暖暖的，柔柔的，很舒服，很惬意，"泡"得久了，纵便心有千千结，也能酣然入梦。

梦醒了，眼帘微张，入目的却不再是银滩的湛蓝柔婉，而是海水浴场的明媚烂漫。

是梦游了吗？或许是吧。

威海国际海水浴场，是国内最优质的海水浴场之一，绵长的海岸线蜿蜒着万亩松林的蓬勃，也蜿蜒着水清沙白的绮秀。细雨迷蒙时，细细的浪涛点染着五彩斑斓的海贝，光着脚丫追螃蟹的孩子脸上洋溢着纯真的笑。天光晴好的时候，大片大片的阳光落在海滨五色的彩棚上，斑驳的光影，暖暖的味道，和着贝壳间跃动的潮音，不经意间，便已令人沉醉。更何况，岸边各色各样的大排档、酒吧、烧烤摊上，还有种种新鲜的美食令人垂涎。

▲ 海边玩耍的孩子

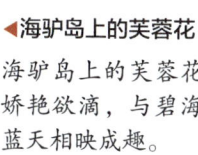

◀ 海驴岛上的芙蓉花

海驴岛上的芙蓉花娇艳欲滴，与碧海蓝天相映成趣。

## 鸥鹭共朝霞，神雕雪虎跃

　　银滩同雪舞，鸥鹭共朝霞。告别银滩，告别水清沙白的烂漫，与鸥鹭来一次意外的邂逅，收获的自然是满满的幸福。

　　熟悉威海的人都知道，威海有一处鸥鹭翔集的地方，那就是海驴岛。海驴岛以"驴"为名，岛上却不见"驴"踪，只有鸟迹。每年春夏，芙蓉花染红了朝霞的时候，成千上万只海鸥迎着海风，翩落岛上，筑巢产卵。白鸟红花、绿树巉岩、碧海晴涛，相映之时，蔚然成趣。

　　除了海鸥，海驴岛上还生活着近两千只黄嘴白鹭。黄嘴白鹭，又名唐白鹭，是一种十分珍稀的水禽，全世界仅有三千余只。它们体态婀娜、姿容优雅，是禽中贵

13

·绝色山东，倾城岁月里的水色山青·

族，气质天成，喜爱猎奇探险的小伙伴若有兴致，倒不妨来海驴，来一场鸥中寻鹭之旅。

另外，海驴岛的山石景致也堪称一绝。风浪千百年来不间断的雕琢不仅铸就了海驴危峰兀立、峭壁嶙峋、巉岩高耸、崖峙高天的奇崛雄伟，也铸就了它溶洞处处、怪石层叠、山截幽径、造化处处的鬼斧神工。登上海驴岛，即便是没有满天烂漫的白鸥，淡淡枣花下、芦苇深荡中，那用岩石与水波勾勒的风景，便堪称绝丽。

不过，海驴的鸥鹭固然能让爱鸟者心驰神往，但对热爱自然、热爱野外风情的"骨灰级动物发烧友"来说，神雕山其实才是最好的选择。

神雕山野生动物园"群雄"云集，在这里，纵便找不到自己的"侠侣"，小伙伴们也能潇潇洒洒地过一把神雕式的江湖瘾。热血激荡时，傲立山巅，听狮虎怒吼，瞻射雕遗迹；豪情澎湃时，与憨熊合个影，与雪狮来个拥抱；百无聊赖时，"挑衅"下小绵羊，"逗逗"小公鸡；柔情缱绻时，与海豚甜蜜一吻，看海豹脉脉含情，所谓天然野趣，不外如是。

### 烟墩渔歌晚，湖上天鹅舞

如果说神雕与海驴是一曲野趣十足的自然礼赞，那烟墩，就是一首最恬然的

▼ 天鹅湖里的白天鹅

田园牧歌。

烟墩四五家，湖光明澈澈，旧事如梦，沧海桑田，曾经，烟墩角不过是一个普通的小渔村，现在，烟墩角依旧是一个小渔村，但暮色炊烟里，已不见怅惘，有的，只是安然与闲逸。

烟墩角村不大，只有五百多户人家，村内，渔歌处处，阡陌纵横，弥漫着翠色的土地上一座又一座简陋却温馨的小屋林立错落，短短的烟囱竖立在厚厚的房顶上，不大的院落里，总有一二渔女一边缝补渔网，一边盈盈谈笑。人声、风声、水声，俨然成趣。

村南有一片花斑石滩，一块又一块花斑石在斑驳的日光里摇曳着赤橙黄白青五色光影，滩涂不大，却人来人往，常有渔船进进出出，无论朝暮，都极热闹。每年初雪飘落、北风凛冽的日子里，村畔那波光如玉的天鹅湖上便会多出数千只白天鹅。它们从遥远的西伯利亚跋涉而来，群聚越冬，远远望去，湖面上就仿佛是铺了一层厚厚的粉雪。走近了才发现，湖面上散落的点点碎冰与一只只或嬉闹、或交颈、或独处、或结伴的天鹅就仿佛是天上错落的星辰，恍惚之间，便把整片湖面点缀成了银河。尤其是雪映烟墩、一片晴岚的时候，湖光鹅影，相辉相映，那种美丽，委实难以言喻。

渔歌唱晚千百次，也抵不过白鹅曲颈朝天歌，但，美好处处，总不能在一处驻足，作别烟墩角的渔歌、成山头的海日、神雕山的野趣、刘公岛的峥嵘蓊郁后，若有时间，还可以去别处逛逛。譬如去赤山看看观音喷泉，去摩天岭赏赏融融秋月。饿了，倦了，随便找家店，来盘鲅鱼水饺，尝尝爆炒天鹅蛋、锅煸海蛎子。威海那么大，我们逛不完，但满目流岚、唇齿生香时，幸福其实早已满满，不是吗？

 **旅程随行帖**

### 西霞口

西霞口是威海荣成辖下的一个小渔村，风光优美，民风淳朴。

渔村濒"福如东海"，近可观成山头，远可眺摩天岭，朵朵浪花迤逦着幻梦，每当日暮，晚霞漫空，霞光蔓延着海与天的纯蓝，风光绮丽异常。看过晚霞，坐在礁石上披着月光，听听海浪、看看渔火也挺不错。倦了，累了，还可以找一家渔家乐尝尝渔村地道的地瓜汤、小咸鱼、大枣饽饽、鱼锅饼子和海鲜，那感觉，不是一般的好。

## *Ji'nan*
# 邂逅济南，大明湖畔荷花开

袅娜百花洲，潋潋大明湖，荷香菖影氤氲着远古；巍巍千佛山，幽幽红叶谷，齐烟彩林辗转着苍茫；濯濯趵突泉，攘攘曲水亭，泉声觞语婉约着垂杨，走进济南，邂逅时光，恍惚之间，已明媚若天堂。

济南，南枕泰山，北倚黄河，背山面水，山水宛然，素有"天下泉城"的美誉。2000多年前，龙山文化繁衍于此，舜躬耕于历山，缔造了一段段属于岁月的传说；2000多年后，老舍用笔锋镌刻了老城冬日的"温晴"，琼瑶更用她的浪漫垂落了大明湖畔"山无棱，天地合，乃敢与君绝"的悱恻缠绵。

漫步济南街头，就若撑一支长篙，漫溯在诗中，无须特定的目的地，只要喜欢便好。沐浴着天青色的烟雨，走在飘满了黄叶的石子路上是一种烂漫；路过一片酒绿灯红，驻足满目碧玉丝绦是一种欢畅；若你愿意，在夜色融融中，与心爱的人疯狂相拥，其实也没什么……毕竟，济南，原就是一座能够满足所有人向往的城市。

## 虹波溶烟柳，四海泉中尊

若济南的美有十分，那么，趵突泉独占五分。

趵突泉，又名槛泉、娥英水、三股水，为济南七十二名泉之首，一向有"天下第一泉"之誉，位处济南市历下区，南倚千佛山，北望大明湖，山泉湖相映，佛月荷交辉，尚未邂逅，便已令人留恋。

3月东风漂绿萍，杨花深处觅芳踪。春日的趵突泉，总别有一分妩媚。三股清泉，鲜活而明媚，平地趵突，腾跃翻涌，雪白的泉浪缀饰着金色的阳光，离水二三尺，雾蒙四五方，映以桃红柳绿、山莺流岚，自见风致。偶尔，略显羞涩的春燕也会轻轻地斜掠过泉池，但如玉塔般凌波而上的涌泉却不是它的向往，它向往的是观澜。

趵突泉畔，名胜古迹无数，始建于明代的观澜亭只是其中之一。亭子不大，四四方方，重檐高脊，玲珑中带着几分金红色的华贵。宋代大文豪苏轼曾在此发"汹汹秋声明月夜，蓬蓬晓气欲晴天"之叹，但其实，观澜亭上观澜处，最曼妙

◀泉城广场

▲趵突泉

泉城广场的文化长廊与荷花音乐喷泉为同心圆弧,犹如一弯玉臂将喷泉轻轻环绕,组成了一道曼妙的风景线。

的从不是深秋,而是寒冬。

　　当北风凛冽百草折时,与纷纷扬扬的雪絮一起相约在观澜亭旁,凭栏俯瞰趵突泉池,浓绿的泉水再不复曾经的欢快鲜活,瞬间变得轻柔婉约。袅袅的水汽如云似雾,笼罩于泉池之上,朦胧间,可见梅影疏斜,潋滟水光的彩绘金装、画栋雕梁,那般唯美,一如仙阙。

　　当然了,作为济南三大名胜之一,趵突泉的美并不独在其本身,也不独在观澜,泉东逶迤如虹的来鹤桥,泉北恬静宁谧的李清照纪念堂、辉煌溢彩的泺源堂,泉南清婉别致的白雪楼,泉西翠黛横屏的胜慨楼,全都别有意趣。如众星捧月般错落地散布于趵突泉四周的大小泉眼,亦各有各的浪漫:珍珠泉云蒸霞蔚,一串串白色的气泡就仿佛一颗颗散落的珍珠,万斛珍珠,沐着淡蓝色的轻烟,忽断忽续、忽急忽缓,聚散之间,自见"跳珠溅雪碧玲珑"的绝世风姿;黑虎泉磅礴大气,水激柱石,声如虎啸,峭壁悬岩、青石堆雪,别显轩昂;金线泉奇妙迷

▲ **大明湖**

盛夏时节，大明湖接天莲叶铺在水面上，风姿绰约。

离、屈曲多变，粼粼水光中，常见金线隐约；漱玉泉岸透绿柳，水映白荷，几尾锦鲤，悠游水中，倒颇有几分田园风趣……名泉七十二，一泉一妖娆，在济南，每一口清泉都是一个故事，溯泉声，品喜怒，一步一步，悠悠向前，不经意地一抬眼，大明湖的清波便漫了满眼。

## 大明湖畔烟雨情

大明湖，位处济南市中心偏东、千佛山山麓，临趵突泉，水光潋滟，山色空蒙，为万泉汇流而成，景色明媚，渔歌唱晓，荷塘晚香，迤逦其间，就仿佛走进了一幅浅笔勾勒的水墨画卷。

大明湖有四怪：蛇不见，蛙不鸣，久雨不涨，久旱不涸；大明湖还有四绝：烟雨垂杨，菡萏荷香，秋风芦荻，雪霁流云。仲春，烟雨迷蒙的黄昏，满堤垂柳荫着青苔，一枝新绿点着水波，蒲苇将远山的黛色摇曳，碧波万顷化作了天上的流云，柳枝深处，一个撑着花纸伞的女孩缓缓行来，绰绰风姿，令人目眩。或许，她就是那个"等了一辈子，恨了一辈子，怨了一辈子，却依旧感激上苍"的痴情女子，又或许她原是你"佛前叩首三千年"求来的那一个她。盛夏，天光晴好的日子，泛舟于接天莲叶之间，采一枝映日红荷，长篙动处，惊起的却不是鸥鹭，而是烂漫的夕照。深秋，残花零落之时，芦花却纷纷扬扬、烂漫如雪，悠悠雪色，点染了微微漾着涟漪的湖面，亦缭乱了湖面上倒映的千佛翠色，远山近水融于芦雪，明秀异样。隆冬，朔冽的北风摧折了扶疏的蜡梅，大明湖也不再澄翠，然而，雪后晴岚耀日光，站在湖畔，极目远望，雪霁白云，烟笼银装，水光跃动间，却更见妖娆。如斯大明湖，四时何日不倾城？无怪乎古人曾以"四面荷花三面柳，一城山色半城湖"盛赞于它。

除了悠悠水色，四时琳琅，大明湖畔还有"一阁三园，三楼四祠，六岛七桥"，皆独具风韵。湖心岛上历下亭，青瓦红柱、古雅庄严，芙蕖秋月夜，长歌歌海右，自古而今，济南名士多对此亭钟爱有加；北岸北极阁，高台广砌，彩塑辉煌，香火缭绕间，有道韵悠扬；岸西铁公祠，枕松风，攀藤萝，一湾碧水绕听荷，风光旖旎，若天气晴好，还能一睹佛山倒影的雍容奇秀；南岸遐园，小巧玲珑，山石嶙峋间隐见花木青葱，别有洞天……

## 尖翠二三峰，山似佛头青

佛山影落明湖秋，湖上看山翠欲流。千万年来，岁月几经，花开花落数负流年，千佛山却仍默默守候着大明湖，深情不悔，从未更改。

千佛山属泰山余脉，山不高，说不上巍峨，却别有几分清幽内秀。潺潺碧水漾于峰峦之间，水波如云，云畔，有一槐一亭。槐为唐槐，枝干虬结，蓊郁苍古。相传，隋唐名将秦叔宝曾拴马于树下。亭为一览亭，亭四角重檐牙、古朴淡雅，登亭临风，可眺"一城山色"，青浪叠天。尤其是入夜，灯火阑珊的时候，星星点点的灯光如垂落的繁星倒映着泉城的妩媚，站在亭中，俯瞰山下，水村渔歌、荷莲漪漪，仿佛天上人间。入秋时节，当漫山遍野的菊花盛放时，花海怒涛、芳香蝶影，那仿佛浸染了夕阳的菊红尤显别致。

循着菊香，一路向上，一尊又一尊或坐或立、或怒或笑的佛像便成了沿途最炫美的风情。千佛山，原名历山，因舜曾躬耕于此，也名舜山，不过，在西天净土诸佛光降于此之后，人们便更习惯称它为千佛山。千佛山上，处处是佛，梵语禅声，不绝于耳。万佛洞里，3万多尊形态各异、栩栩如生的佛像连缀成了一条思接千载的长廊，琳琅的彩绘、别致的壁画，在卧佛荣光的加持下，凝成了石窟艺术最伟岸的殿堂。千佛崖上，9窟130余尊摩崖造像与兴国禅寺一起雕琢着开元的奇秀。兴国禅寺是千佛山的肱骨，济南香火最鼎盛的寺院。寺内，建筑古朴、佛塔森森，每天都有香客慕名而来，或祈求学业顺利，或祈求家庭和美，或祈求

◀ 千佛山佛像

事业有成。观音园与兴国禅寺相去不远，园中池横绿波、荷开锦绣，一尊高13米的白玉观音屹立莲池之上，法相庄严，惟妙惟肖，与东麓弥勒胜苑大肚能容的弥勒金像恰好相映成趣。弥勒胜苑是仿清建筑，亭台密集，高低错落，既是佛土，也是兼容了南北风情的山水庭园。徘徊园中，一步一景，令人流连。

另外，每年的三月初三、九月初九，千佛山上还会有盛大的庙会开场，红红火火，热热闹闹。庙会期间，不仅会有各种佛事活动，还有相声、锣鼓、山东快书等颇具地方风情的曲艺表演。九曲大肠、油旋、把子肉、甜沫、坛子肉、奶汤蒲菜、草包包子、酥锅等泉城特色美食，更为这赫赫扬扬的盛会平添了几许温馨与趣味。

暮鼓晨钟诉清宁，山光水影尽禅音。离开千佛山，遥望济南，眸中，仍有秀色不断地流淌：九如山瀑布如雪，曲水亭繁华若梦，红叶谷的红叶熏染了天上的流霞，五龙潭的波光淋漓了树影，百花洲的芳草见证了水木清华。

济南很大，也很小，方圆寸土，明媚依然，晴云晓日明湖影，柳落菌香红叶深。泉城的风光独好，每一处都值得去追寻，去发现，去眷恋，去铭记，去邂逅，去回忆……

**旅程随行帖**

### 济南十大名吃

邂逅济南，山、泉、湖不容错过，不知道酥掉了多少人味蕾的小吃更不能错过。济南名菜小吃有许多，最著名的有十样：1.细腻鲜香、汤汁丰富、皮薄馅大的草包包子。2.红润香腻、烂糊醇香、软糯可口的孟家扒蹄。3.已入选"山东非物质文化遗产名录"的油旋。4.五香味浓的泉城招牌甜沫。5.光滑筋道有嚼劲的济南亮亮拉面。6.充满了浓重烟火气息、喷喷香的济南烧烤。7.源于明清的醇香美味名士多烤全羊。8.肥瘦适中、软糯甜香的把子肉。9.肥而不腻、以瓷坛煨炖的坛子肉。10.被誉为"济南汤菜之首"、鲜美爽口的奶汤蒲菜。

▲山东蓬莱八仙过海口牌坊

## 烟台，蓬莱阁中有八仙

*Yantai*

掬一捧夏日如火的深情，静立于蓬莱阁前，烟台山的落日温暖着南山的晚钟，八仙渡的月华潋滟着昆嵛的晚霞，芝罘岛上的红树婉转着金沙，渔梁的清歌滴落的却是一段独属于烟台的美丽传说……

位处山东半岛东北、黄海之滨的烟台自古便是华夏名埠，历史悠久，文化繁盛，源远流长。

春秋时期，烟台本为莱国疆域，秦始皇一统六合后，撤藩置县，烟台为齐郡。及至隋朝，烟台又成为莱州附属。明洪武三十一年（1398），为防海寇犯边，洪武帝在烟台山上设狼烟墩台，烟台之名也由此而来。

烟台多山，丘陵广布，河渠纵横，得天独厚的地理环境也造就了它的物产丰饶。烟台苹果、莱阳梨、红灿灿的大樱桃原就令人垂涎，极具地方风味的蓬莱小面、盘丝饼、开花馒头、麻渠糖更不知道满足了多少人内心最深沉的向往。此外，千里昆嵛话锦绣，万里云涛颂蓬莱，即便是美食不再，烟台本身，亦同样秀色可餐。

・绝色山东，倾城岁月里的水色山青・

▶ 蓬莱阁

## 渺渺神仙所，人间有桃源

渺渺神仙所，绝世有清歌。故老相传，海上有仙山，山在虚无缥缈间，一曰方丈，一曰瀛洲，一曰蓬莱，方丈无迹，瀛洲缥缈，唯有蓬莱尝惊艳了黄海无数波涛。或许，此蓬莱已非彼蓬莱，但这奇峰兀立、琼楼叠翠、花木葱茏、蜃光迷离的所在，却的确堪称人间胜境。

蓬莱很大，山海之间，风光殊异，既有蓬莱阁之奇秀精致、蓬莱水城之苍古磅礴，又有八仙渡之沙浑潮落、瑶池横波，置身其间，如梦如幻。昔年，秦始皇三度求长生，汉武帝数次访仙阙，八仙更横跨汪洋证道果，传说种种，光怪陆离，有些固流于荒诞，却也为蓬莱蒙上了一层最幽邃、最神秘的色彩，而在神秘的蓬莱，最神秘的地方自然还是蓬莱阁。

始建于宋嘉祐六年（1061）的蓬莱阁，雄踞丹崖山巅，高阁凌空，气派万千，彩绘雕梁，蔚为壮观。花褪残红青杏小的时节，登临阁顶，远望，可见海市横空，曲径疏斜间，亭阁错落、寺宇琳琅、山花烂漫、晚照晴烟，虽是虚妄，却颇明媚，因是蜃影，千变万化时更平添几许风致；近观，能见碧海雪淘、青瓦重檐、如云的白帆间渔火点点，黄昏日暮，霞光万顷，水色天光，唯美得不似人间。

饮风吟雪东风度，天光晴好的时

蓬莱八仙渡景区日落会仙阁

候，于蓬莱阁观澜亭内，仰观海日，自见万里海平，千丹流静。若不慎错过了晓日，也没关系，潮平风暖的秋夜，还有一弯溶溶的残月等待着与你我倾情邂逅。

月光溶溶，落进了心里，溯着余晖，沿蓬莱阁一路向西，尚可见峭壁如屏，咆哮的海浪不断地冲刷着崖下的碎石，石迤东西，不见尽头，糅着月光，便似万斛珍珠撒落黄色的云海之间，美轮美奂。西行不远，一道渔梁便辗转了眸光，梁上，水深鹭静，常有三五渔人垂钓于此，长空当歌，一派怡然。走过渔梁，不觉夜已深，一夜甜梦后，折而向东，恍惚之间便来到了漏天岩下，嶙峋的褐色岩石，林林总总，有细孔数万，无拘春秋，孔中都滴水如云，潺潺错错，蔚为奇观。

漏天岩畔不远，有一座负山控海、规模宏大的古水寨，即蓬莱水城。

水城原名刀鱼寨，南宽北窄，自成天险。城内，不仅有黑石砌就的码头、斑驳苍古的炮台、别具一格的水门、厚重规整的防波堤，还有附着点点青苔的古城墙，小巧玲珑的水榭歌台和威严肃穆的水师营。漫步其间，就仿佛穿越流年，走进了昔日兵戈森森、明风靡盛的海上军港，个中壮阔，委实一言难尽。

从水城转身，撷一抹朝露，恍惚之间，便到了八仙渡。八仙渡，是一座弥漫着海洋风情与道家真韵的葫芦形岛屿，毗邻水城。远望丹崖，岛上，既有"瑶池"烟波浩渺之盛，亦有"群仙"共赴天阙之妙，亭台楼阁，高低错落，参差于花木间，流丽而精致。仙源楼后，64块白玉雕琢了"八仙壁"的荣光；八仙祠内，淡染的黛青勾勒了袅袅的香火；望瀛楼上，1888块翡翠镶缀的《群仙祝寿图》堪称稀世奇珍；会仙阁里，72位道教正神各有所长。或许，最喜欢在八仙桥上看风景的何仙姑在群仙中并不显眼，但无论是谁，都难抵在拜仙台上与仙姑合影的诱惑。当然了，八仙一体，拜仙台上，除了秀美的何仙姑，还有提篮的蓝采和、倔强的汉钟离、粗犷的铁拐李、骑驴的张果老……想想吧，某年某月某日，我们竟然和八仙一起拍照，把何仙姑镶进了记忆的小相框，这该是多么幸福的一件事啊！

## 有一种美好，叫烟台的山

作别蓬莱，满满的仙神情结仍萦于胸中，彼时，走进深秀的林间，于乱花青树之间领略一番烟台的山情，的确是个绝妙的选择。

烟台地处鲁东，境内多山林，多溪泉，山虽不高，却也风姿万千，别有几分风致，譬如三仙山。

三仙山位处黄海之滨，蓬莱侧畔，山水明澈，建筑琳琅。漫步山中，处处可见奇石碧草、琼花仙阁，一步一景，蔚然神秀。蓬莱仙岛，如梦如幻；瀛洲仙境，云雾缭绕；方壶胜境，方寸成趣；玉佛禅寺，那重108吨的缅甸水白玉卧佛更仙姿旖旎，与南山坐佛相映成趣。

南山，位处烟台龙口市，山廓浅秀，林木幽深，梨花带雨千树雪，圣地重光万古长，有诸代遗迹毕集，佛韵悠长。山上，有卧龙寺，寺西，紫藤如瀑，绚烂着山光；有泉水庵，庵前，桃花十里，夭夭如玉；有道院，山林水溪，幽美清新；有禅寺，碧峰连绵，暮鼓空鸣；有万佛殿，9999尊金铜佛像，栩栩如生，高38.66米、重380吨的大佛盘坐于108瓣莲台之上，手掐双印，宝相庄严，那栩栩的眉眼，似乎早已将天上的繁星垂落。但，繁星最烂漫的地方，却不在南山，而在昆嵛。

昆嵛是道教名山、全真圣境，异秀峭拔，冠绝东方，为海上仙山之祖。山不甚高，却颇奇秀。主峰泰礴顶，奇峻轩昂，有翠峰千柱高悬于葱郁云海之间，瑶花碧树，峥嵘九霄。峰西烟霞洞，玉带潺湲，霞光湛湛，峰峦之中隐现奇崄，壑谷深处杉林回澜。夕阳西下时，霞光千顷，缭绕生烟。相传，全真鼻祖王重阳曾于此为七子开坛讲法。南麓，松柏悠秀，崖谷森邃，"胶东第一古刹"无染寺卓立其间，碧水清波间香火袅袅，摩崖古朴，别见意趣。

厌倦了山光，还可以到环海栈道上走走，徐徐地、缓缓地，吹着海风，听着潮歌，自在又惬意。当然，若你身畔还有心爱的人，那双岩夹峙之间象征着永恒爱情的连心桥以及半山腰处状若帆船、寓意着百年同船渡的凌空巨石则绝不可错过。

## 风微日暮波涛远，槐语花香到客船

蓬莱仙境多旖旎，峰海一色秀连环。烟台是一座依山抱水的古城，既有山光烂漫，亦有海景悠溶，蜿蜒万米的海岸线，镌刻在艳阳里，辗转的自然是风情万种。

金沙滩是烟台海景最美的地方，坡缓林静，滩涂流霞，碧青色的海水常把艳阳追逐，待海风拂过，漫天阳光便支离成了粼粼的清波与一地的金沙。踏着绵软的金沙，一路向前，槐花淡淡的香气氤氲在眼前，一把又一把太阳伞则用色彩绚烂了年华。若不喜欢安静地呆坐，还可以租一艘快艇或水上摩托，顶着风浪，饮着雪涛，在速度与激情间体味一种不一样的悸动与蔚蓝。倦了，烦了，躺在沙滩上晒晒太阳自是不错，但踏着绿水冲向风中的芝罘，才是最绝妙的选择。

芝罘岛，是岛亦是山，岛不大，南北开阔，东西狭长，远远望去，就仿佛是

▶ 金沙滩的情侣

万顷黄海之上摇曳生姿的一株灵芝仙草。受海上光照的影响,芝罘岛如被分割了一般,阴阳两面,形成了泾渭分明的两种风致。阳面,群峰滴翠,花木繁茂,阳主庙巍峨着阳光,石门春波,激流跌宕;阴面,悬崖嶙峋,峭壁深杳,黑褐色的岩石在浪欺波蚀之下百怪千奇。另外,芝罘岛上还有一座古村落,名为大疃。村内,红树青瓦,古木虬结,潺潺的小溪畔,农舍错落,矮矮的石头院墙,不仅圈起了炊烟,还圈住了满蹊春色、恬然牧歌。

驻足白云间,凝眸风雨后,无拘何时,无拘何处,心之所向,便是足之所向。足尖踏处,一米阳光,也是艳阳,花开半夏,也自流觞,一如,这漫漫烟台,蓬莱仙乡!

**旅程随行帖**

### 蓬莱花烂漫

相逢烟台,最佳的季节在春夏。春日,梨花飘雪、月季飞红,昆嵛山一年一度的踏春节更不容错过。夏日,金沙滩水清沙白,蓬莱阁姹紫嫣红,走进烟台,就像走进了一片斑斓的花海中,即便不曾邂逅一分的山光海影,此行也绝对不虚。

25

*Tai'an*

# 泰安，处处风华皆倾城

岁月流岚，五岳倒影在花前，玉皇的细雨沉落了南天的斜阳，斗母却依旧蜿蜒着十八盘，黄河金带照玉盘，云海将波光潋滟。俯身岱庙前，拾一片彩语斑斓，飞瀑龙潭，参天竹木渲染的不过是盛唐的荣光。星垂日落，香草雪舞，当万家灯火阑珊，满峪桃花倾慕的却仍是那一抹清美，是那馥郁古今的泰安……

泰安，旧时曾名东平，尝隶秦济北郡、隋鲁郡，宋袭庆府，位处山东省中部、泰山山麓，东依临沂，西枕黄河，南临曲阜，北毗济南，为山东历史文化名城，亦是山东"一山一水一圣人"旅游热线的中点。

国泰民安天下事，密林高章话清平。作为鲁中大埠，泰安山高水密，资源极为丰裕。东部北部高山环围，群峰逶迤，汤汤黄河水不断咆哮着泰莱平原的富饶；西部南部丘陵广布，河谷纵横，东平湖倒映着梁山的俊秀，徂徕的森林则在脉脉晚风中葱茏着州城的礼赞。

作为大汶口文化的发祥地，被历史渲染的泰安常会在不经意间将柔情流溢。闻名全国的肥城桃、赤鳞鱼、宁阳枣、氤氲着太古气息的泰山石、赤红如火的赤灵芝……一切的一切，都为泰安镀上了一层仿佛原就应该为它所有的奇幻色彩。

泰安是文化名城，亦是旅游胜地，芳菲处处，无论是驻足风雨，还是凝眸雪柳，入目的皆是旖旎。不过，哪怕是在处处风华皆倾城的泰安，最壮丽、最磅礴的，却仍是泰山。

## 五岳独称尊，天下第一山

海拔1532.7米，绵亘于济南、泰安之间的泰山，山势交

泰山风光

◀ 泰山日出　　　　　　　　　　　　　　　　　　　　▲ 泰山十八盘

　　横、苍松环云、巨石凌空、碑碣处处、溪谷幽深、百草丰茂，一向以"奇、险、秀、幽、奥、旷"冠绝天下。古人尝赞其为"天下第一山"，"吞西华、压南衡、驾中嵩、轶北恒"，独尊五岳。自始皇帝起，历代多有"冀近神灵"的帝王在泰山封禅天下，泰山也因其最接近那不可及的高天而闻名于世，甚至，古时便有"泰山安则四海皆安"之说。

　　泰山多松柏，多溪泉，山虽不高，却极壮丽，那雄浑的山势、奇犷的峰峦张扬的原就是一种得天独厚的纯美。尤其是露垂乱花的初晨，登临泰山之巅，仰望天阙，当沉沉的夜幕被一缕浅淡的白渲染，拖曳着万顷霞光的金乌蓦然跃出汹涌的云海，瞬息之间，变化万端，娴雅的橘黄被蒸腾成了煌煌的金红，一点彩影铺陈了漫天的斑斓，不过须臾，群峰便已耀金，所谓壮观，不外如是。也无怪千百年来，无数文人骚客都以"登泰山，看日出"为人生一大逸趣。

　　若无法亲睹泰山日出的壮美，也没关系，寻一个雨后初晴的午后，登临岱顶，便能见渺渺云雾万里平陈，漫过了群峰，漫过了彩林，漫过了琼楼，远远望去，太阳仿佛一个浑然精致的玉盘悬于高天。微风过处，云海浮波，山尖隐现，如梦似幻。

·绝色山东，倾城岁月里的水色山青·

待云开雾散，自社首山经蒿里山到达玉皇顶，历尽"地狱""人间""天堂"三重奏，一路赏花观石、对松吟月也不错。泰山寥廓，峰峦崖岭无数，潭瀑名泉遍布，摩崖碑碣如林，不同的季节，不同的物候，不同的路线，自能见不同的风情。

要登泰山，坐索道自然轻松便捷，但要变换着角度、将泰山揉碎了般玩赏，那最好还是徒步。泰山有四个登山口，分别为红门、天烛峰、桃花峪和天外村。其中，天烛峰步道最险峻，天外村步道最悠闲，而大多数人登泰山时都会走红门。

嗅着大自然的芬芳，一路攀缘向上，古老的碑碣、苍劲的石刻、朴拙的阁楼、蓊郁的花树、悠然的流云交织成一曲清歌，及至中天门、对松山，1600多级石阶构筑的十八盘"天门云梯"瞬间便惊了你我满眼。"紧十八，慢十八，不紧不慢又十八"，泰山十八盘，一盘一重天，三个十八盘加起来垂直高度有400米，坡度接近九十度，拾级而上，倒真有劈山斩石、乱入青天的感觉。尤其是天高云淡的日子，伫立石阶，回首四望，近可见崖壁如削、泉水清凉、松柏虬结，远可眺青山叠翠、云山嵯峨、飞瀑垂天、彩林烂漫，风景一派独好。

过了十八盘，还没阅尽升仙坊的仙姿盛大，岱顶就到了。岱顶，又名玉皇顶，是泰山主峰，临风峰巅，荡胸生层云，远望群峰，倒真有些"一览众山小"的意味。黄昏日暮时，举目西北望，层峦尽头，一条金黄的"飘带"横贯东西，粼粼着岱岳的雍容，与云上"天街"相映，唯美异常。只不过，这份唯美却并不被造化钟神秀的日观峰所重，因日观峰的痴情尽付了岱庙。

## 封禅千年，馥郁古今

▶祭拜的香火

"岱宗夫如何，齐鲁青未了。"泰山之雄，雄极天下，岱庙之秀，同样秀绝人寰。

位处泰山南麓的岱庙，又名东岳庙、泰岳庙、岱岳庙，既是闻名天下的道教圣地，亦是中国规模最大、保存最完整的宫殿式古建筑群之一，与承德避暑山庄、北京故宫、曲阜三孔并称。汉唐以降，历代帝王皆选择此地祭祀山神、功告上天、祈天鸣祭，这其中，最盛大的便是泰山封禅大典。

始建于汉武帝时期的岱庙是宗庙，秉帝

**▲岱庙**

岱庙始建于汉代，是中国古代帝王供奉泰山神灵、举行祭祀大典的场所，是泰山现存规模最大的古建筑群。

王宫城规制而建，架构宏大，辉煌异常，环围1500余米，宫阙亭榭无数，城垛高筑，四隅各有角楼，错落数百廊阁，轩轾落拓，敞亮明丽，洋溢着浓浓的尊贵气息。庙中建筑，大多坐北朝南，三纵两横五条轴线，正阳门外遥参亭为岱庙前庭，峻极灵秀，九脊歇山，金瓦红墙，堂皇大气；亭后岱庙坊，斗拱层叠，画栋雕梁；中庭东汉柏院，五株汉柏凌云；中庭西唐槐院，有唐槐参天，槐花开时，淡香十里，沁人心脾；环庙有八门，正阳门、配天门、仁安门、厚载门等，门上有阁楼，金瓦琉璃，彩绘辉煌。仁安门后，为天贶殿。天贶殿是岱庙主殿，画瓦玲珑、重檐妙丽、雕栏玉砌、华彩凝霜。殿正中，供奉着泰山正神东岳大帝黄飞虎，东西两壁，绘有《泰山神启跸回銮图》一幅，浓墨重彩，人物百态千姿，仙气缭绕，为宋代道教壁画之最，珍罕异常。

另外，岱庙之中，还有镌印着风雨沧桑的碑碣无数，如中国现存最古老的秦刻石《李斯小篆碑》，洋溢着汉隶苍厚底蕴的《张迁碑》，晋代三大丰碑之一《孙夫人碑》，著名的《青帝广生帝君之赞碑》《大宋封东岳天齐仁圣帝碑》等。每一座石碑，都有一段属于自己的故事，诸多石碑交织，勾勒的便是岱庙碑林千秋馥郁的绝代胜景。

▲泰安太阳部落

## 逐日史前，寻龙暗河

  秀峰横云凌铁塔，祭天封禅了胸怀。当泰山向左，岱庙向右，9月的落花又自盛开了另一种独属于泰安的风情，这种风情，叫逐日寻龙。

  "日"为大日，意指太阳部落；"龙"在暗河，深藏地下龙宫；两相辉映，别见奇趣。

  位处泰安南郊的太阳部落是一座以大汶口文化为主线的大型主题文化公园。漫步园中，不知不觉便已穿越到史前，洪荒时代，粗犷野性的原始村落中，一群腰围兽皮、手执石枪、头插羽毛的"原始人"正踏着最原始的舞步缓缓前行，前行。路的前方，就是"洪荒"。洪荒大地上，有高山，有密林，有猛兽，有山洪，探秘其中，一不小心就会落入共工的巨手，玩一把极速翻滚，转晕了，倒也没关系，骑着牛背上的过山车赶紧到部落苍古的神庙中去祷告一番，或许便能

一去霉运、幸福满怀。再次出门，纵便不能在金乌古镇邂逅佳人，也能在"小猪运动会"看呆萌的小猪们一起跳圈游泳、跳水跨栏，现场过一把啦啦队的"豪瘾"。欢愉过后，若仍觉不刺激，也无妨，转身，向着泰山狂奔，汶水之畔，地下龙宫正在等你。

地下龙宫，其实就是以前的泰山大裂谷，裂谷之中，水瀑纵横，钟乳遍地，石花、石草、石幔、石笋、石瀑迷离着斑斓，千奇百怪的喀斯特溶岩下方则是滔滔的暗河。不妨置身地下数百米，在蜿蜒曲折的水道中，感受一把大自然的鬼斧神工，体验一下极限漂流的惊险刺激。

离了地下龙宫，告别太阳部落，若还不尽兴，不妨到别的地方再逛逛：莲花山九峰环抱，林木葱茏，急水如云；天鹅湖波平水静，鹅雁翔集，一派清恬；戴村坝横截汶水，媲美都江堰；大汶口流水汤汤，文物苍古。

人常说，柔情似水，烂漫的是情怀，佳期如梦，憧憬的是芳菲，旅途如诗，向往的是山水。所有说走就走的小任性背后都隐藏着独一无二的梦与诗，或光怪陆离，或绮丽奥妙，或轰轰烈烈，或平淡无声，或传为绝唱。也许，泰山并非你我心中最悠扬的那个梦、最壮阔的那首诗，但踏着春花夏草，与它邂逅，无论晨昏，无拘雨雪，纵喜怒哀乐迭杂，你却终归不会悔，不会怨，不会有遗憾！

**旅程随行帖**

### "中华泰山·封禅大典"

秦始皇曾于泰山封禅天下，泰山从此闻名于世，旧日的封禅大典究竟何等的庄严盛大，我们无从得见，但透过大型实景演出活动"中华泰山·封禅大典"的种种，我们仍能看到昔日的一鳞半爪。

演出分七部分：远古祭祀，金戈铁马·秦，儒风雅乐·汉，盛世气象·唐，艺术王朝·宋，康乾盛世·清，青山依旧。短短80分钟的时间里，我们尽可追随着山水的位移穿越五千年，领略泰山封禅文化的独特内涵，景中观情，委实是一种难得的体验。

▲微山湖荷花

在微山湖，荷花是最美的风致。青翠的荷叶，红白辉映的荷花，亭亭玉立，分外娇妍。浮云悠悠，湖水澄清，荷花清影缥缈可见。

## *Ji'ning*
# 晴烟晚照，济宁的渔歌独好

微山湖潋滟的水波晕染了红荷，太白楼独享着凤凰的深情，泗水尧山空怅惘，南池残丘露孤天；灌冢晴云渔声晚，西苇烟波，萍新沙暖，擎菱的碧草独语的不过是铁塔清梵；长空漫漫，恬美已凝，彼时，相约济宁，自然一步一倾城。

山河淡染，水墨烟云，一段旅途，一首清歌，人这一辈子，总得冲动那么一两回。

说走就走算不得任性，最美的风情也永远在途中，或许，目的地真的不甚重要，但若是可以，谁又不愿意与唯美惊喜相逢？

如是，相约济宁，邂逅"孔孟故里，礼仪之邦"便也成了题中之义。

位处鲁西南腹地的济宁，是一座翰墨流香千年的古城。这里，流传着儒家的传说，延续着法家的雍容，浸润着佛门的奇秀，为东方最重要的文化发祥地之一。至圣孔子、亚圣孟子、复圣颜子、宗圣曾子、述圣子思皆生于斯，"四书""五经"《水浒传》《梁山伯与祝英台》亦皆撰于斯，微子、荀子、墨子、曹操、李白、杜甫等也都在此留下过或轻或重、或浓或淡的足迹。

济宁不仅是一座沉淀了厚重岁月的历史古城，也是一座山水迤逦、奇幽宁谧的所在。和其他的北国古城一样，济宁的春夏也婉转着虫鸣，秋冬亦凋零了浪漫，广阔肥美的平原上，鱼台随风的稻浪与香城淡黄的枣花永远都是山光水色中最旖旎的注脚，被誉为"济宁夏日名片"的微山红荷更不知截留了多少人间梦幻。

## 微山红荷盛，南池菡萏香

日暮微山远，湖平月色新。映着嵯峨峰影的微山湖从来都是济宁最绮丽的一张明信片，仲夏花之梦，尝令无数文人骚客喟叹。

葱茏盛夏，花语呢喃的日子，静静地站在湖畔，透过满目摇曳的莲叶，放眼那盛放在浓绿中的点点深红，不经意间，便将悠悠相思全都付了那摇曳的水草。水草尽处，有扁舟一叶，荡起双桨，泛舟湖上，暖风吹动莲蓬，不觉已到藕花深处，追寻着那欢快嬉闹的蛱蝶与蜻蜓，或许惊不起鸥鹭，却能邂逅纯美的渔女无数。

倦了，累了，和心爱的人一起并排躺在窄窄的舟中，任迷蒙的烟雨带走黄昏的橘红，待渔火点点垂落，取一管长笛，共奏一曲《采莲》，四目相对时，满眼都是浪漫。一曲奏罢，携手同归，走进最具风韵的南阳小镇，随便找一家小店，尝尝浸润着荷香的麻鸭、品品闻名天下的四鼻孔鲤鱼、咬一口咸香流油的咸鸭蛋，那一瞬间，舌尖总会被惊艳。美餐一顿后，骑上自行车，将微山的夜色带入梦中，也是个蛮奇妙的选择。只不过，有的时候，受悠悠冷月、如丝银辉的诱惑，梦越三山之后，出现在我们眸底的已不是红荷，而是一池素淡清冷的白莲。

不同于红荷的妖娆热烈，白莲总别有几分净美秀雅气质，即便是竹露滴翠色、蛙声作管弦的盛夏，萦着点点水木清华的白莲也同样高标绝俗，一如，那同样出尘的南池。南池不大，就在济宁城南。池内，除了朵朵素白幽美的白莲，还有四座小巧玲珑的岛屿，岛上亭阁错落、松竹掩映，有王母阁，有玉皇庙，有少陵祠，有杜甫茶社。古时，对歌王母阁，赏荷晚凉亭，被名流雅士引为奇趣。诗圣杜甫曾以"菱熟经时雨，蒲荒八月天。晨朝降白露，遥忆旧青毡"盛赞"南池荷净"的盛景，历代文人亦对其称颂无数。

## 凤凰于飞，西苇渔歌

人说，爱水的人一定也爱山，爱山的人必然会爱水，山光水影，常缠绵万古。以前不信，但当邂逅凤凰山，相逢马场湖，却让人不由地信了。

凤凰山，位处济宁邹城东，山势峭拔，侧峰如翼，铺展之间，犹若凤凰展翅，因此以"凤凰"为名。山很玲珑，秋日午后，阳光最灿烂的时候，牵着爱人的手，一起漫步在铺满了厚厚黄叶的山间小径，无须多言，便已鸳盟暗许、甜蜜满满。初冬，月明星稀的夜，伫立山麓，看着那独立水云之间的虽伴荒草、历炎凉却仍慈眉善目的唐代大佛，胸中总难免有一种别样的情怀激荡。彼时，顺着大佛的目光，悠悠前望，不知不觉间，马场湖那婉约的情影便映入眼帘。

马场湖位于济宁城西，原是一片烟波浩渺的水域，湖中遍植蒲苇，芦花秋思，"雪"落蒲杨，别具韵味。现在，旧日的碧波千顷已零落成了一个又一个小巧怡人的荷塘、鱼塘，虽再难见万里芦花万里雪的盛景，却也浅水平冈、鸢翔鸭睡、渔歌声声，颇富田园野趣。尤其是日暮时分，池塘畔的鱼庄相继亮起灯火，袅袅的鱼香伴着水畔的篝火，更显宁谧浪漫。

## 李白晚眺凤凰台，荒冢悠悠落照中

恋恋于凤凰的渔歌，蓦然回首，却才发现，古运河的水花已溅落眼底。漫绿水，踏繁花，一路向北，不觉便来到了太白楼下。

始建于盛唐的太白楼，高踞于青苍厚重的古城墙之上，坐北朝南，面阔十间，青砖灰瓦，建筑古雅。四周院落，小桥流水，花木扶疏，假山林立，画窗垂蔷。一楼正厅，有李白半身像，雕像栩栩如生，尽显谪仙风度；二楼风雅，书画丛聚，笔墨芳菲，尽展山河锦绣。夕阳斜照时，登临太白楼，凭栏远眺，还能尽览济宁夜色。灯火万千，车水马龙，微风过处，一片从容。

凤凰台距离太白楼并不太远，因夕照而闻名，原是祭祀始祖伏羲的祭台，三面环水，松柏蓊郁，东西钟鼓常应和着紫竹林的月影，林畔观音庵，碧瓦琉璃，石碑雕龙，正殿内还供奉着一只檀木雕琢的凤凰，济宁一地，每年春节，来凤凰台朝凤的乡民络绎不绝。

相比于凤凰台的热闹，灌婴墓就萧疏了很多。

马场湖随风飘荡的芦苇

▲济宁南池公园

灌婴，是汉代名将，骁勇善战，足智多谋，文帝时曾官至太尉，功在社稷，死后谥号为懿，极尽哀荣。然而，几经沧海，数易桑田之后，昔日肃穆庄严、柏木森森、享殿碑铭无数的名将之墓也荒废成了一片枯冢，断壁残垣见寒鸦，落木离离有落照，一派凄美荒清。或许，也唯有阳春三月，柳绿桃红时，冢上蒸腾缭绕的缕缕白色烟气与艳阳交织时，我们才能透过晴岚，看到孤冢昔日的雍容吧。

## 墨华泉碧处，铁塔映清梵

挥一挥衣袖，作别灌冢的晴烟，待转身，已俯首在浣笔泉边。

浣笔泉不大，也不深，只是一汪清浅的小泉，但因为李白曾于此与妻女酌饮清歌，共赋华章，度过了一段温馨甜美的幸福时光，而被人们争相爱慕，以至昔日的涓涓孤泉，千年之后，竟延展成了一片池桥淑丽、楼堂别致、柳荫竹翠、姹紫嫣红的文人庭园。

庭园环水而建，廊桥屈曲，碧色的泉水映着天青色的烟雨，绝代倾城。泉畔，有一亭，为墨华亭，亭阁方正，檐角峥嵘；亭后有一石，嶙峋兀立，奇秀玲珑；石畔有一屋，状似画舫，隽秀内蕴；屋侧有一桥，横亘泉流，独对江月，长虹卧波；桥后有一祠，灰瓦白墙，诗文满壁，蔚然雅澹。漫步园中，移步赏花，聆泉声，语笙箫，虽不唯美，却也绝妙。

铁塔寺与浣笔泉算不得比邻而居，但也相距不远，栉风沐雨千年后，曾经的五代古刹已现斑驳，经楼毁去，佛殿破灭，但那摩顶凌云、寓意着"九九归一，生死轮回"的铁塔却仍屹立在风中，独语着曾经的香火鼎盛。

铁塔寺铁塔，高九层，始建于北宋，是一座释迦牟尼塔，塔高23.8米，基为八角，通体为生铁浇铸，层层琢纹、脊脊悬兽，檐角之上，风铎玲珑，塔顶则铜制金章、壮丽别样。铁塔前为声远楼，楼顶悬一巨钟，每逢晨昏，钟声悠扬，声传十里，禅音绕塔，久久不去，铁塔清梵，不外如是。

▲济宁铁塔

佛语远隔，弄月花前，漫过湖光山色、红荷荒冢之后，若仍为济宁的风华所缱绻，放开脚步，到竹竿巷、金碑亭、兴隆塔、周公庙、龙门山、青山寺逛逛，却也不错。毕竟，氤氲着远古秀色的济宁，原就清婉如梦，盛丽多姿，一步一倾城！

**旅程随行帖**

### 天下汉碑半济宁

济宁有倾城之美，也有倾城之雅，历朝历代，古迹纷繁。其中，以汉碑刻石的藏量最为丰富，如济宁"小金石馆"典藏的西汉《朱君长刻石》、典藏于济宁博物馆的《孔子见老子画像石》《武荣碑》《禳盗刻石》等。

除了汉碑群，济宁境内，包括曲阜孔庙、任城王墓、梁山杏花村、邹城孟庙、嘉祥武氏祠在内的许多地方也都留存着众多的汉代碑刻，"天下汉碑半济宁"，确实名不虚传。

37

## 专题

## 封禅之山，蓬莱之东：有一种风情，叫山东

一方水土一方人，一缕岁月一首歌。

岁月缝花，烟云激荡，不知道从什么时候起，历史已为山东勾出了一抹最浓重的亮色。

山东，是齐鲁故地，文化大省，位处中国东部，黄河下游，为中国沿海最重要的省份之一，土地辽阔，资源多样。省内，既有平坦广阔的冲积平原、连绵起伏的高山丘陵，亦有一望蜿蜒的海岸线、丰富别样的海洋物产与景观资源。邂逅山东，最倾城不过隽美，最眷眷总归情浓，山海之间，自别有浪漫。

### 山峦高，湖泉渺，大海遥

山东是山海大省，地形复杂，河网密布，水色山青中自现雍容。

山东多山，山有千座，风情万种，不一样的春光，有不一样的桃红，同样的明媚，亦有别样的雍容。崂山的翠木繁花、白云深杳，彩山的氤红偎黛，烂漫从容；金山的晨歌霜露、一派妩媚；凤凰山的清幽苍丽、静美无言……然而，山有千千秀，最壮美、最雄浑却无外泰山。泰山，为五岳之尊，山东独一无二的名片，1532.7米的身姿虽不算峻拔，但绿林山野中悠悠的石敢当的传说，融融朝日下，那融入了无限荣光的封禅大典更镌刻了不知多少芳华与灿烂。

山奇无怪，水秀才言，除了各具特色的群山丘陵，山东的水景也格外绮丽。

济南七十二名泉，泉泉清隽，水水玄奇，尤其是"天下第一泉"趵突泉，三流争春，明丽浪漫。泉外无声，有诸湖雍容：微山湖红荷映日，大明湖杨花飞雪，东平湖绿波浮萍，麻大湖渔舟唱晚，湖湖皆毓秀。湖畔，另有运河蜿蜒，磅礴大气，黄河九曲，落日熔金滚动着无尽的苍茫与绮丽；待百流归海，织就的自是一番风急浪湍、一望无垠的海滨盛景。

### 十圣人，百好汉，众神仙

山有魂，水有魄，人却最从容。

山东之美，不独在山海，还在历史，在文化，在传承。

自薪火初燃，齐鲁大地上，便有百家争艳，万派竞秀。兵家最峥嵘，墨家最机巧，道教最缥缈，佛教最祥和……万种千般，却总"争"不过一个儒。

鲁地有十圣，儒家独得五圣，其影响之深广，可想而知。

事实上，鲁地居民也的确深受儒家思想影响，世世代代，勤劳朴实，诚实恭谨，仁爱大度，豪爽豁达，鲁人厚道、好客、开朗，世人皆知。

当然，除了厚道、大方，因为受《水浒传》和神佛传说影响深，山东人骨子里其实还有着那么一股不为人知的侠气与浪漫。

三十六天罡，七十二地煞，梁山泊里，一百零八好汉子，啸聚山林，急公好义，其任侠，不知道感动过多少人。

蓬莱八仙，倒骑驴的张果老，鲁莽的铁拐李，俏生生的何仙姑，清秀的蓝采和，辗转腾挪，各有神通。

相遇山东，或许，看不完所有的好汉，听不完种种的传说，但若有机会，到传说始与终之地，走走逛逛，领略一下那不一样的玄奇、瑰丽与热血，却也不错。

## 戏曲妙，画作奇，舞姿翩

水村山郭酒旗风，千里绿映红，

从历史与文化的芳馨中转身之后，复落入艺术的香奁里，却也应当。

山东是个艺术繁盛的地方，无论官方，还是民间，各种各样的传承层出不穷，身怀绝技的艺人比比皆是，这其中，最引人注目的，无外戏曲、画和舞蹈。

齐鲁故地乃戏曲最早的源流地之一，数千年的衍变发展，已让山东戏曲独秀于天下。山东戏形式多样，曲种、戏种五花八门："其节以鼓、其调喧"的蓝关戏，以《聊斋志异》为蓝本的聊斋俚曲，古老悠扬的弦子戏，尾音"打冒"的茂腔，旋律高亢、优美抒情的五音戏，风格独特的道乐，轻松欢畅的山东快书，和谐明快的山东琴书，传承久远的吕剧，种类繁多、声情并茂的山东大鼓等，皆别具特色，一韵一声高，若清流百舸，演绎着一派葱茏的曲坛盛世。

不同于戏曲的源远流长，鲁地丹青算不得显赫，卓尔不群的大家也不多，但却胜在一个"奇"字上。杨家埠木版年画色彩绚烂、雕工精细、乡土情浓、寓意喜乐；泉城羽毛画，用材考究、构思新颖、设色奇特、布局圆融、色彩流丽，每一幅都精致得让人爱不释手；潍坊仿古国画，未见岁月点染，却自有一股翰墨别情流溢；泰山织编画，麻里生香，柳编世界，更洋洋大观。

戏中有情，画中有意，但缱缱绻绻却终不若一场淋漓的舞来得张扬大胆。

或许是受了鲁地豪侠风气的影响，鲁人之舞也自带着一番雍容超迈的气度。起源于道教的栖霞八卦鼓舞，暗合八卦妙义，鼓点阳刚时，舞步翩跹，绕指轻柔；鼓点阴柔时，舞步雄浑，自现干戈与壮烈，刚柔相继，委实不凡。此外，泰安独树一帜的独杆跷，济南以"新"与"奇"称胜的鼓子秧歌，杏花岗"响板"不绝、身结彩羽以为戏的商羊舞等也都风华一时，若有幸相逢，务必要去饱饱眼福才好。

## 缅先烈，探遗迹，猎奇秀

葱茏的岁月总有太多葱茏的故事，邂逅山东，可眷恋、流连的风情物事实在是太多，但纵便错过千般，有一种风情，终不容辜负，那就是红色。

40

山东是红色旅游大省，可缅怀追忆的地方数不胜数。微山湖铁道游击队故址、孟良崮战役纪念馆、沂蒙山根据地、台儿庄古城、青岛海军博物馆、华东烈士陵园等，都是敬先烈、怀革命的大好去处。

另外，山东是齐鲁文化滥觞之地，春秋过眼，留下了历朝历代的遗迹无数，如滕国故城遗址、齐长城、泰安大汶口文化遗址、城子崖龙山文化遗址、大泽山岳石文化遗址等，历史发烧友们，尽可去看看。

人说，生命畏惧时间，时间钟情于感动，而山东，恰正是那个最容易让人感动的地方。

封禅之山，山巍峨，帝威传天下；蓬莱之东，东临海，海上有八仙；仙佛胜，儒林雅，眷眷有遗迹，烽火多经典。走过千般，景掠满眼，鼓乐声声里，捧着丝绢，细回首，看花落，芳菲尽出，才知，山海本无暇，人语多烂漫；才知，有一种风情，在梦里；才知，有一种风情，叫山东！

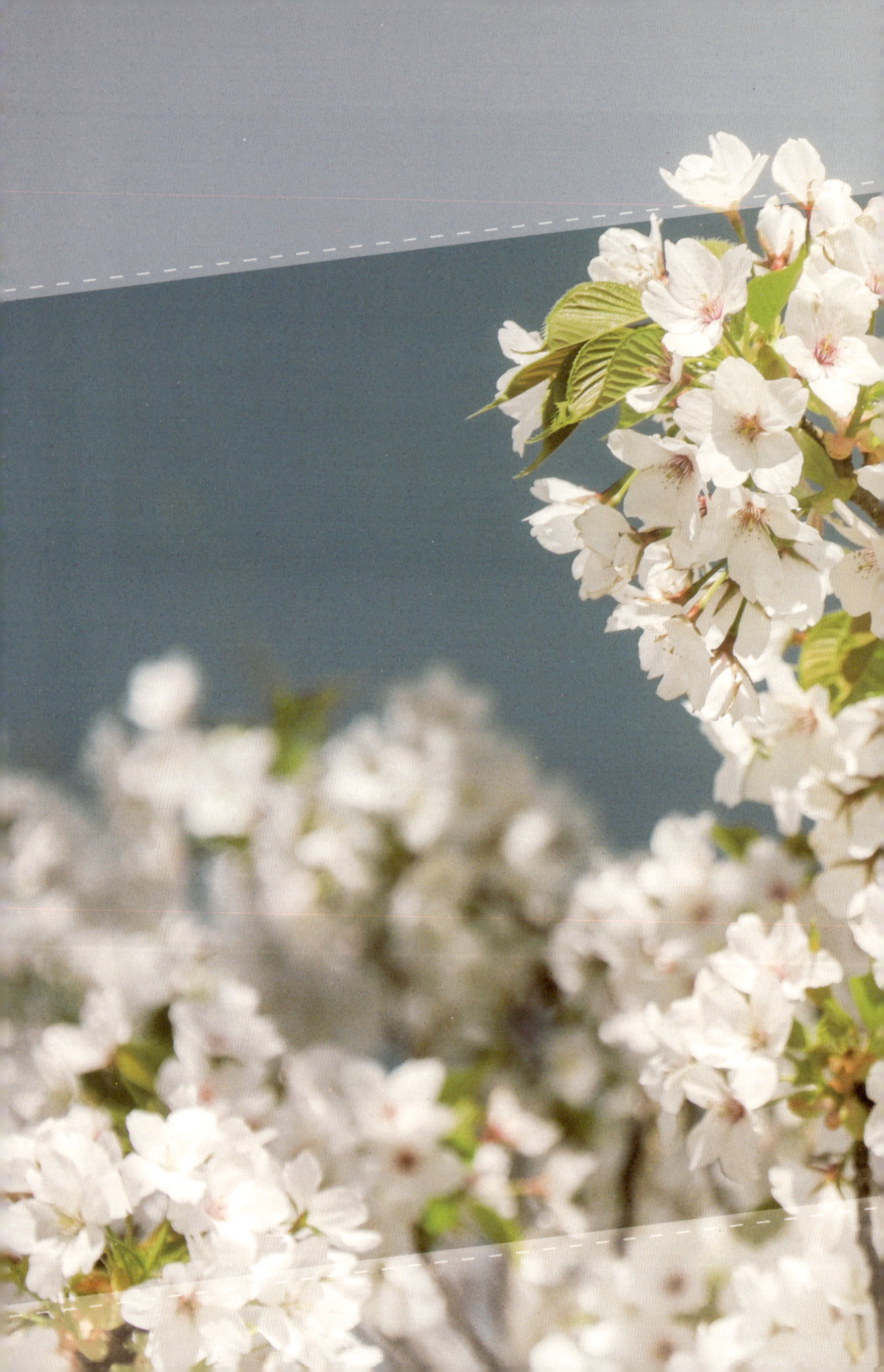

Chapter 2

撑一支长篙，漫溯时光

*Qufu*

# 曲阜，三孔六艺儒林颂

花落花开，孔林的烟雨迷蒙了大成的苍柏，悠悠孔府，蜿蜒的不是铁山的香飘，而是岁月的流岚；府畔，六艺城的钟声与阙里的翠色相合，尼山之上，月光漫洒着斑斓，碑苑之外，书声琅琅，长空之下，似总有"子曰"的清音回荡、回荡……

曲阜，位处山东省西南部，北倚泰山，东连泗水，山河表里，阡陌流芳，一派丰饶。

曲阜城不大，但底蕴深厚，古墨沧桑，千百年来，不知道孕育了多少钟灵毓秀的人物，孔子、颜子、孟子、左丘、孔融……其中，又以至圣孔子最是闻名。孔子是儒家的创始人，万世师表，被尊为"至圣"。孔门繁盛，教化万千，虽时光荏苒，桑海每易，但漫步曲阜街头，仍能感受到那一抹沉淀在流岚中的宁静，而循着这份宁静，缓缓地品味圣城的风物，则是游览曲阜最好的方式。

▼曲阜市孔庙

▲孔庙

## 万世赞先师：孔庙

儒香袅袅水流东，庙林万世秋，邂逅"东方圣城"曲阜，与"三孔"相遇自是题中之义。

三孔，即孔庙、孔府、孔林；三孔之中，又以孔庙为最。

始建于公元前478年的孔庙，是中国四大文庙之一，为孔子祠庙。庭院九进，殿亭廊阁错落，轩昂奇秀，堂皇庄肃，有五殿、一阁、一坛、十七碑亭，数百建筑栉立中轴两侧，建筑内外，别见敞秀：棂星门六楹四柱、彩绘雕梁、抱夹石鼓、古朴拙丽；圣时门三间四柱、檐翼峭拔、玉坊净秀，气势恢宏；门垣错落间，有庭院三进，院中皆古木参天，松柏森森，碧水蜿蜒着花香，檐角熔金，风姿冶逸。

庭院过处，白云向东，可见一玲珑巧致的木质二层阁楼，名奎文阁。阁楼不大，以二十八星宿之"奎"宿为名，三重飞檐、四层斗拱、面阔七间，原为藏书楼，阁内典藏了儒家珍贵典籍无数，书香翰墨，相沐怡然。

奎文阁后，有十三碑亭，木构八角、彩绘琳琅，碑亭内，矗立着唐宋元明清历代御碑五十五方，碑碣或巧致、或雄阔，铁画银钩，清绝扑面，蔚为壮观。岁

▲ 孔府

月如歌，多少年了，碑亭一直都在以自己的方式演绎着翰墨的雍容，纵历千秋，却仍用"钩心斗角"张扬着对大成的深情。

大成殿，是孔庙的主殿，面阔九间，重檐黄瓦，琉璃飞彩，巍峨壮丽。殿外，回廊环围，精致自然；殿内，二十八根云柱雕龙，八斗藻井，玺彩万千，十方金匾映着正中的孔子坐像，至圣先师，眉清目朗，目湛神光，一派风雅。孔子坐畔，有"七十二贤"分侍左右，神态各异，姿容迥然，却别显雍容大气。

伫立殿中，静聆香袅，一颗躁动的心情不自禁便归于宁静。恍恍惚惚间，与一片金色擦肩，走出大成殿，一座四角方亭赫然于目。相传，孔子曾在亭中为弟子传道授业、解惑答疑，因亭周遍植杏树，故名杏坛。阳春三月，杏花吐蕊的时候，邂逅杏坛，在漫漫花香之中尽阅儒林清趣，也是一种享受。

## 清歌颂儒林：孔府

杏坛清歌石香炉，儒林源起阙里声，裹挟着杏花的幽芳，一路向东，不经意间，阙里的繁华与文艺便已扑面。阙里是一条洋溢着古韵的步行街，街道不长，街畔各色店铺林立，但并不喧嚣，店中，售卖的也多是与三孔相关的纪念品，孔子像、孔子著作、尼山砚、刻章等，清新巧致。

步行街尽头，不见琅嬛，却有"天下第一家"的风骨俨然。

孔府，又名衍圣公府，规模宏大，历史悠久，为孔子嫡支世居之所，也是历代衍圣公的官邸，衙宅合一，形制典丽。红边黑漆的正门首，有双狮镇宅，粉白的照壁后，可见庭院深深，回廊曲折。

相比于孔庙，孔府要玲珑不少，同样九进的院落，轩馆之间却别有几分宁静致远的味道。孔府纵横有三路，前后有双宅。东路为家祠，主祭祀；西路为会客吟咏之地，有书斋，有花厅；中路为孔府主宅，前衙后邸，以重光门相隔。

官衙有三堂六厅、四匝林立，灰瓦悬檐，暖阁流云，典藏珍品无数，既有历代帝王御赐御题的匾额书画，又有衍圣公的全套仪仗，龙旗金牌、金瓜更鼓，足见盛荣。其中，商周十器、元七梁冠、唐鎏金千佛曲阜塔更为稀世罕见的奇珍。

越过衙堂，便是衍圣公的私邸，前上房十里香落、敞亮明阔，中有古玩古器无数；后堂楼前后抱厦，巧丽精美；楼后，有一座后花园，名铁山园。园子算不上大，但却五脏俱全，山、水、林、泉、花坞、水榭、凉台、曲桥、石岛等尽赋毓秀。巉岩幽谷、雨瀑雪泉、"峰峦"参差间可见花木扶疏、小岛廊回、高槐翠色，傲于岱岩。曲水畔，还有一株五君子柏，叶片浓绿，一树五枝，中生槐木，点点翠色掩映着"五柏抱槐"的奇丽，蓊郁之余，颇显风致。

## 墓古深树里：孔林

眸底，尚有一丝秀色回环，双脚却已踏足苍莽。作为孔氏的家族墓园，孔林一直都是鲁地文人凭幽悼古、追思先贤的首选之地。

孔林，位处曲阜城北，占地逾三千亩，林墙悠悠，石像如云，断碑深树里，有坟茔十万余，碑碣无数，为世界上延续时间最长、墓葬最巨、规模最宏大的家族墓葬，没有"之一"。整个墓葬，环孔子墓而建，繁而不乱，井然有序。

孔子墓在孔林中部偏南，墓前有二碑，巉岩金字，方正大气。碑前有供案、岩石雕琢、置有香烛瓜果；案旁，为下酒池和拜台，每年，孔子大祭，孔氏后人都会于此祭拜先祖。拜台外，是灰砖巧砌的花棂围墙。墙外，遍植奇花异木，子贡手植楷虽已枯死，但其他栉风沐雨千年的古木却仍默默地守候着这片儒门净土。

傍晚时分，凉风裹了晚霞，映着夕阳，站在孔子墓前，遥望四野苍翠、漫空烟云，心中总难免有一丝怅惘涌动，但当这一丝怅惘与孔林如云的碑碣在万木葱茏中交织，便尽作了仰慕。

・绝色山东，倾城岁月里的水色山青・

▲孔林

相传，孔子逝后，"弟子各以四方奇木来植"，孔门世代，也多以异树瑶草点缀祖庭，是以，孔林之中，花木峥嵘，蔚为繁盛，松竹柏桧、杨柳枫榆、菊槐楷柞，不一而足。林木深处，琼花内里，还有上千碑碣题记刻石隐约于藤萝之间，历代皆有，内容万千，其中不乏名人亲笔，如李东阳、翁方纲、何绍基、康有为等。

此外，除了孔子墓，孔林之中还有不少墓葬颇见巧思，如石兽成群、堂皇富丽的孔尚任墓；碑雕云纹、墓立石鼎、鼎倚帛池的孔令贻墓等。秋风乍起的日子，漫步孔林，于葱茏里见证春秋秦汉的历史变迁，见证一个家族的盛衰兴败，个中种种，思绪万千，委实难表。由是，怀着满腔孺慕，邂逅那峭立了千年的尼山自是绝妙。

## 东方览胜境

尼山，位处曲阜市尼山镇，原名尼丘山，山不算峻拔，但颇静美，五峰连峙，中峰插云，因孔父孔母"祷于尼丘得孔子"而闻名遐迩。

尼山中峰，有孔庙，三进五院，琉璃覆顶，重堂叠阁，松柏浓翠；峰西，一片浓荫之中有一村落，名为鲁源。村中，阡陌纵横，有农舍数十家，山深隔烟霞，朴素清静，相传，孔子便诞生于此。村北，有一溪，名智源溪，溪水明澈。秋时，雁衔寒雨；春日，木落桃林；盛夏，晴明晚照；冬日，雪压炊烟，风华别样。沿溪水一路漫溯，过深林，拾石阶，西行不远，自见观川亭。伫立亭中，凭栏俯瞰，可见河水滔滔、东流无尽，当年，孔子正是于此吟出了"逝者如斯夫，不舍昼夜"的千古绝句。

花落虹开叹流年，子在川上说易逝，纵尊盛如孔子，也终泯然归黄土，但他的思想、他的理念、他的精神，却化作雕栏、化作文字、化作碑碣，传扬万古。于今，在曲阜，氤氲着儒家文化气息的遗迹，尤其是镌刻着孔子纹痕的遗迹实在是太多太多，如论语碑苑、孔子文化园、孔子研究院等，数不胜数，而这其中，最著名的还要属六艺城。

孔子六艺城，位处曲阜市南新区春秋路，毗邻孔府，是一座以孔子六艺为经、曲阜古文化为纬的大型主题文化园林。城内，林泉遍布、古迹错落，"礼、乐、射、御、书、数"六厅诸多仿古器物、建筑，熔古铸今，用声光科技为游客在现世开启了一段别开生面的"儒门六艺体验之旅"，"旅途"虽短，却精彩纷呈，奇趣迭出，令人叹为观止。

作别尼山，转身六艺，若意犹未尽，还可去别处逛逛。小伙伴们还可以去少昊陵、景灵宫碑、鲁故城、九仙山等地，毕竟，曲阜虽因孔子而闻名，却不独为孔子而绚烂，它还是神农故里、黄帝生地、殷商故国、周汉鲁都。所以，少昊之墟少昊陵、黄帝生地景灵宫、沧桑满郁鲁故城等，其实都是不错的去处。

万世说孔孟，儒林雪千秋，一座城、一首诗，伫立曲阜，回眸之间，已历春秋。孔府也罢，孔庙也好，尼山智水纵蜿蜒着孔林无尽的葱郁，黄昏青冢，月落霜天，流岚中独语的却仍是六艺的清歌……何为美好？何为沉厚？何为诗书绝？何为儒林颂？曲阜，便是吧！

### 旅程随行帖

#### 孔子

孔子，名丘，字仲尼，春秋时期鲁国人，古代著名思想家、教育家，儒家创始人，曾修六经、述《论语》、尊礼仪、重教化，有"有教无类"之言，后世奉其为"万世师表"，尊为"至圣"，他提倡仁与礼，重义轻利，认为"为政应以德""见利当思义"。他"三人行，必有我师焉""学而不思则罔，思而不学则殆"的学习理念及平等的教育观念对后世的影响也极为深重。另，孔门弟子三千，贤者七十二，各有建树，其中，复圣颜子、宗圣曾子、鲁相子贡最是才华卓越。

## *Linzi*
# 临淄，故都的绝世风情

往事越千年，齐都故郡话苍颜；战车辚辚，太公的钓钩垂起了高阳的灿烂；湖畔清波，蹴鞠腾跃，袅袅的云烟嶙峋着石海的浪漫；萋萋芳草连绵着马莲台的幽静，祠堂秋月述说的却是花影下的另一曲流岚……

原以为，临淄的闻名遐迩不过是托庇于齐都的悠远灿烂，待不期然与之相逢，却才发现，临淄本就清婉如诗，醇然若画。

位处山东省中部、淄博市东北部的临淄，为鲁中名埠，农林业发达。浩浩汤汤的淄水与牛山一起承托着它的灿烂，千百年了，纵便白云苍狗，时移世易，这座写满了历史风韵的小城却仍在以它独有的方式镌刻着曾经的雍容。

古时，临淄名营丘，原为爽鸠氏族地，后隶逢国，牧野之战，武周灭商后，姜太公被分封于齐，临淄也成了周齐国都，数百年繁华如梦，纵便沧桑若云，齐国破灭，辗转于历史洪流中的临淄却仍风华不减。

临淄境内多遗迹，多墓葬，一座座遗址，一处处墓葬，就若夜空中的点点繁星，以自身的萤辉装点着临淄的绚烂。

## 寻幽垂钓处，怅惘管相翩

管仲墓位处临淄牛山北麓，濒淄水，墓冢古朴，晕着沧桑，墓前有二碑，碑侧有壁画石像零落，墓周环以青砖棂墙，蓊郁古树，素雅敦厚。日光融融时，墓畔野花幽芳，倒颇有几分独语烂漫、笑看风云的淡然意味。

想当年，管仲九合诸侯、一匡天下，辅佐名主，谈笑成霸业，何其明睿，

Chapter 2 · 撑一支长篙，漫溯时光 ·

▲ 管仲纪念馆内雕塑

何其洒脱。于今，繁华化土，斯人长逝，唯余孤冢，自难免令人叹惋。但斯人虽逝，却也名垂万古，为纪念这位"天下第一相"，以管仲墓为依托，管仲纪念馆遂拔地而起。

纪念馆分五厅、一祠（管仲祠）、一馆（宰相馆），以管仲的生平为主线，《管子》思想为辅线，用浮雕壁画、微缩景观、沙盘雕塑、彩照电影等方式淋漓地再现了管仲波澜壮阔的一生。

· 绝色山东，倾城岁月里的水色山青 ·

　　管仲祠不大，青瓦黄墙，花木扶疏，红门青阶，五开间，四重檐，回廊幽深处，可见碧草芳菲，古朴深秀。祠内，淡蓝色的光影交织着藻井的祥云，一尊汉白玉管仲像巍然而立，眉目儒雅，笑容温醇，一派名相气度。祠外不远，就是管仲墓。墓冢前后，有院落两进，院落之中，灌木丛茂、绿水垂杨、花开锦绣，被礼亭巧然矗立其间，曲折的回廊婉转着钟楼与鼓楼，五大展厅错落其间，西侧三浴渊流水潺潺，东侧中国宰相馆淳厚威严。若时间富余，仔细走走看看，其实还是蛮不错的。

　　凭吊古今多少事，管相淡掩天下才。走出管仲纪念馆，沿着青青的藤萝，随鸟声啁啾一路向前，须臾，便有一片浩渺的碧水映入眼帘。这是太公湖。

　　太公湖源于淄水，湖面阔大，一望无垠，湛蓝色的湖面在阳光下常淡染着一丝金红，绿波白浪映繁花，秀美别样。樱身柳影述芳菲的时节，湖畔树

▲ **管仲纪念馆**

管仲纪念馆通过多种艺术手段，展现天下第一相的辉煌一生。建筑采用挺拔、简洁的仿汉代风格，使其具有传统美的同时，更赋予了现代建筑文化的气息。

◀ **太公湖美景**

太公湖清幽古朴，从远处走来就能听到瀑布飞溅的声音，似有千军万马奔腾而过。走近看，一排瀑布倾泻而下，犹如低垂的白练，蔚为壮观。

下，常有三五钓叟静静垂钓，虽不见蓑衣斗笠，却也颇有几分独钓江渚笑风月的怡然。

溯碧水迤逦，一路攀缘，小路蜿蜒着浓荫，馥郁的花香弥漫着鲁地峻拔的悬崖高台。高台险峻，秀气潆盈、奇丽的巉岩纵横雕琢出了一朵盛放的马莲台。台子不大，却极巍峨，相传，当年黎山老母座下马莲仙姑曾于此度化众生，由是，无数瑰美的神话传说便成了马莲台最别致的"风景"。

马莲台上，佳木葱茏，花树成荫，春日梨花如落雪，盛夏池上染碧苔，秋夜月下歌黄鹂，冬日粉雪说凌寒，风光如画。台畔"石海"，岩石遍布，百怪千奇，更别有几番奇趣。

石海腾波马莲笑，驻步流连，目光婉转，不经意间，瓣瓣绽开，莲心演绎的却是只属于太公的灿烂。

临淄是齐国故都，姜尚是周齐的始祖，自古而今，热土临淄，从来都未少过他的传奇。老骥伏枥、直钩垂钓、扶周灭商、匡扶天下，如此种种，不一而足。太公祠依太公衣冠冢而建，殿堂式布局，以"古、奇、拙、秀"见称。祠内院落

▲ 古代蹴鞠场景图

有六,庭院深深,小中见大,松柏青苍聆晨钟,香雾袅袅映暮鼓,明媚幽秀,颇为清雅。

## 蹴鞠开盛世,古车话斜阳

  千年临淄,古韵悠悠,沉湎于齐都相墓的悠远固然没错,但若因此而将古城各种各样的博物馆错过,却也遗憾。

  临淄是历史古城,流转的岁月中有着太多的故事,后李文化、大汶口文化、龙山文化都曾在此繁盛。纵前尘已没,但依旧有一缕缕浅淡却恒久的痕迹贯穿古今,以遗迹的形式将曾经的所有述说,古钱币博物馆、齐都历史博物馆、桐林(田旺)遗址等,数不胜数。蹴鞠博物馆、临淄中国古车博物馆不过其中一隅。

  临淄蹴鞠,世界足球,海岱之间的古齐国原就是蹴鞠的发祥地,它的繁盛与强大也成就了蹴鞠的兴荣。汉时,蹴鞠大兴,唐时,发展至巅峰,及至元明清,蹴鞠渐渐衰落不闻,于今,还玩古蹴鞠游戏的地方已经很少,临淄是其中之一。

  走进临淄蹴鞠博物馆,就像走进了一条用蹴鞠编织连缀的岁月之河。河畔,既铺陈着蹴鞠赛事的峥嵘,亦点染着蹴鞠球员的英姿,漫步其中,透过那珍贵的文物与翔实的资料,我们仿佛已看尽了蹴鞠的前世今生。

  蹴鞠博物馆不大,只有两层,但设计却很别致,典藏也非常丰富,每隔一段时间，馆内必会有一场蹴鞠表演。直接对抗赛激情澎湃，间接对抗赛更重技巧，最精彩的还是白打球赛。赛场上，蹴鞠选手们拐、搭、蹑、蹬、捻，使尽浑身解数，"燕归巢""转乾坤""佛顶珠""金佛推磨""旱地拾鱼""风摆荷"等各种高难度花样特技层出不穷。若你非常喜欢足球，那此等盛事，便绝不可错过。

为一场蹴鞠声嘶力竭之后，若仍精力满满，还可以到临淄中国古车博物馆去看看。

临淄中国古车博物馆位处临淄齐陵街后李文化遗址上，有两大展厅。春秋车马展厅展出了殉葬古战车十辆，马三十二匹，战车造型古拙，战马鞍具精美，车上装饰更繁复多样，令人叹为观止。古车展厅内，陈列的古车更多，有商朝的曲衡车、秦车、汉车、魏晋的木牛车，还有辽代的驼车、明代的金辂车等。穿梭在博物馆中，就像穿梭在时光的水云里，循着辚辚的车轮声，还能看到那无尽苍茫，看到古都繁华，看到千里沃野，看到帝驾雍容……

从车马嶙峋间转身，趁着精力还满，去临淄其他地方逛逛也算乐事一件：天齐渊的温泉升腾起秀色，石佛堂的大佛拈花长笑，高阳古城遥现酒旗，牛山雨后雾气朦胧，西寺楼头晓声禅唱，淄水落照渔歌阵阵，全都不错。

张爱玲说，一转身就是一辈子。有的地方，或许并非绝美，但委实不容错过，一旦错过，必将抱憾，譬如，临淄。

▲临淄中国古车博物馆

### 旅程随行帖

#### 鹧鸪戏

鹧鸪戏，又名周姑子、东路肘鼓子，是临淄独有的民间曲艺剧种，已入选第三批国家非物质文化遗产名录，两百多年来，一直在临淄上河村世代传唱。和一般的戏曲不同，鹧鸪戏每一句唱腔中都会加入一种仿佛鹧鸪鸟叫一般的拖音，音韵婉转，唱腔独特，有"亲家斗调""悲腔""勾板"等十五个曲牌。《胭脂》《粉红江》《太公传》等都是鹧鸪戏经典曲目。

55

# 聊城，旖旎阿尔卡迪亚

*Liaocheng*

梨花月落，聊城飞雪，东昌的澄碧潋滟了阿尔卡迪亚的柔情；脉脉山陕间，眼底总荡漾着光岳的深情……

聊城是一座历史悠久的古城，风曳榕花，艺术绚烂，因位处鲁西平原之东、古聊河西岸而得名。境内多平原、多河流，素有"江北水城""中国北方的威尼斯"之誉，湖光水色潆潆着婉丽，更以泊渡口大秧歌、郎庄面塑、东昌弦子戏闻名全国。

邂逅聊城的人很多，喜欢它的人更多，憧憬浪漫的男女喜欢它的安宁甜蜜，钟爱历史的人喜欢它的沉厚温醇，以品尽天下美食为追求的朋友喜欢它的老豆腐、大呱嗒带来的惊艳，崇慕风雅的文人喜欢它隐蕴在光岳楼中的风华别致，爱好山水秀色的人喜欢它的东昌湖的迷蒙月色……不同的人，热恋它的理由截然不同，但理由万千，却终抵不过"美好"二字。

行走在路上，不拘是谁，追求的无外就是一种只属于自己的美好，或为风景，或为民俗，或为情怀，或为其他。作为"中国北方的威尼斯"，聊城的确是一个极美好的地方，而东昌湖恰又是聊城最美好的一道风景。

## 静水胭脂凝，潋滟烟雨奇

胭脂深秀，千顷碧波凝月落；平湖烟雨，空蒙虹彩伴流霞。始建于宋，以黄河为源的东昌湖，自来都是聊城水墨画卷中最浓墨重彩的一笔。

翡翠碧色里，晴空话绿波，东昌湖光浩渺，虽非万顷流翠，但也有千亩妖娆。氤氲着乳白色水烟的湖面被错落的建筑、玲珑的岛屿割裂为八片水域，八水连环，更交织出了八种不同的风情：丁家坑湖波染翠，湖畔野花蓝紫交辉，映着日光，烂漫独秀；演武湖烟波浩渺，梅香凛然间氤氲着几许侠气；明珠湖水面平阔，淡紫色的霞光浸染着碧草，几只白鸟静静地游弋水中，余晖洒落，熠熠生光；望岳湖千年来一直以青碧倒映着蓝天与白云的热恋；荷香湖万束白荷，如雪似玉，莲下万顷"绿涛"随风跌宕，唯美别样；状若古琴的琴湖向来小巧，但巧

▲东昌湖美丽的夜色

致之中却深藏着另一种细雨如丝、水涡千旋的浪漫；明镜湖湖如其名，平静无澜，澄明如镜；铃铛湖最是绮丽，一座座形态各异的小岛、礁石将湖面支离成了一块块不规则的碧色琉璃，凭空俯瞰，就仿佛一串秀美的铃铛被轻轻地镶嵌在了东昌的水云里。

柳吐新绿，桃绽绯红的时节，泛舟湖上，垂杨拂动了江北水寨最巧致的柔情，曲桥廊回，遮住了龙字碑的沧桑剪影，却掩不住湖心岛上争艳的繁花与垂钓台畔隽美的塔影；及至盛夏葱茏，京杭大运河汤汤的流水便如玉带一般将沙滩浴场的旖旎蜿蜒，蜿蜒；水流东，秋风起，层林染金，云泽湿地，婀娜的水生植物一丛丛、一片片，仿佛火烧云一般镶嵌在了演武湖中，葫芦岛瑟瑟的枯藤上更结出了一串串"葫芦娃"；琼林雪舞时，湖面起冰云，片片碎冰渲染着一地银白，翠叶染素，白雪映着红梅，即便寥落，亦颇具趣味。

除了水色琳琅，东昌湖湖心，灰瓦白墙的古聊城亦用纵横的阡陌、石砌的小路、垂花的铁塔、苍劲的古槐、巧致的绿亭、澄净的蓝舟、深远的古巷、洋溢着明清风情的亭台楼阁编织出了历史的精致。其中，又以光岳楼、山陕会

·绝色山东，倾城岁月里的水色山青·

▲光岳楼

光岳楼是历史文化名城聊城的标志性建筑，也是目前我国现存的最高大、最古老的古楼阁之一。

馆、海源阁最是柔情缱绻。

## 水光柔情里，脉脉有深情

聊城是湖城，城中有湖，湖中有城，湖、城、河一体，潋滟水光，悠悠秀色，多姿而婉丽。聊城新城，灯火辉煌，大厦摩天，装点着东昌湖的雍容，而东昌浩渺的水云亦将古聊城的峥嵘隽秀轻拥怀中。

始建于明洪武年间的光岳楼就坐落于古聊城的中央，楼高33米，通体木构，四层五间、飞檐流瑛、十字歇山、藻井绚烂、莲柱倒垂、彩廊回环、玉顶雕栏，委实华美无双。楼内，处处镌刻，器物琳琅，首层供奉着鲁班神像与"巧夺天工"匾额；二层文昌阁，巍峨巧丽，有乾隆御笔亲题的"神光钟瑛"匾额；三层轩敞，有木阶连绵；拾级而上，及至四层，可见一线蓝天穿云出，凭栏俯瞰，更

▲山陕会馆

能见运河蜿蜒、玉带垂金,远处的山峦湖光就仿佛是一片黛色的屏风,点衬出了聊城的无限明媚,也无怪时人尝以"虽黄鹤、岳阳亦当望拜"盛赞于它。

与光岳楼相比,山陕会馆算不得闻名遐迩,但却别有几分精妙绝丽的风情流转。

山陕会馆始建于清,本为山西、陕西巨商"祀神明而联桑梓"之地,后成为古聊城繁华落尽后最绮丽的缩影。会馆占地3000余平方米,东西开阔,南北狭长,有亭台楼宇近200间,虽不富丽,但却清雅。

会馆内叠石流觞,泉木错落,花红柳绿中楼榭妖娆;山门前,圆雕的石狮威武雄壮,戏楼里砖雕花架垂琉璃、翠玉插屏饰笙箫,南钟楼彩绘团云,北鼓楼翠竹如盖,正殿威丽端正、雪柱镌花,春秋阁的灰瓦呼应着透雕的千姿百态与关帝的侠骨柔肠。

多少年了,山陕会馆一直以自己的方式守候着光岳楼,然光岳楼的心底、眼底恋恋的却只有那只能相望、不能相守的海源阁。

▲游客在温泉里惬意地享受时光，时间在此刻仿佛也停下了脚步。

海源阁位处光岳楼南，为聊城杨氏的私家藏书楼，面阔三间，红柱灰瓦，称不上堂皇，但很轩秀。阁分上下两层，下层为杨氏家祠，牌位林立，香火袅然，庄严肃穆；上层为杨氏藏书之处，珍藏着以杨以增为首的杨家子弟精心收集的20余万卷藏书，其中宋元珍本就不下万册，书香氤氲，不知惠及多少士子文人。是以，海源阁虽平平无奇，却一直都是聊城最夺目的文化地标。

## 水腻羊白玉，泉流香雪舞：阿尔卡迪亚温泉

告别东昌，邂逅阿尔卡迪亚，双眸间的温婉与明媚转瞬便在朦胧的水雾中化作了迷离。

位处东昌湖西南的阿尔卡迪亚温泉酒店，是聊城另一颗璀璨的明珠。酒店占地200余亩，内里小桥流水，亭台遍布，曲径通幽处，更有栖霞畅晚、浅山叠翠，山水之间，有七十余口温泉错落。"百草园"水汽蒸腾着药香，"四凤池"暖汤氤氲着清丽，"鲁圣八汤"明澈中带着几许略略的白。风凉露重，秋月弯弯的时候，静静地泡在泉池中，遥望繁星点点、湖光粼粼，渔火映着花影，被生活拖曳住的心灵瞬间便归于澄净。

氤氲着袅袅的水汽，享受过泡温泉的安闲之后，不妨披上洁白的浴袍，静坐于潺潺的溪水边，对月独品一杯香茗；若心爱的人在侧，那便再好不过了，牵着爱人的手，一起漫步在花前，纵便不懂吟诗，不会作对，却也能用"我爱你"编织一曲别样的浪漫。啥？你说至今仍踽踽，相恋无一人？没关系，叫上三五好友，踩着霓虹，去尝尝五更炉熏鸡、小屯糖藕、八批果子等聊城特色美食却也不错。

当然了，若亲爱的你只想安安静静地赏赏景、听听歌，放松下心情，那么将大大小小的温泉串联起来的桃花霏雨、荷塘月色、别院聆泉、海棠秋月、青青竹林自不容错过。

邂逅聊城，四季纷扬，湖光中有喜怒明灭，高楼上有哀乐辗转，行走其间，恍然若梦。所以，还等什么呢？赶紧踏着春花，聆着秋月，到江北水城相遇一场浪漫吧！别犹豫，你的爱人正在东昌湖畔将你痴痴等待！

Chapter 2 · 撑一支长篙，漫溯时光 ·

## 旅程随行帖

### 泡温泉小常识

"温泉水滑洗凝脂"，泡温泉，无疑是一件美好的事情，为了防止美好变成不美好，泡温泉的一些小常识还是要略做了解的，譬如：

1. 以水质而论，温泉大致可分为中性碳酸泉、硫黄泉、盐泉、碱性碳酸氢钠泉四种，水质不同，富含的微量元素不同，适合的体质、达到的效果也就不同，在泡温泉前，最好先做了解。

2. 空腹、酒后、饭后不宜泡温泉。

3. 泡温泉的时间不宜过长，一般以半个小时左右为宜。

## Zoucheng
# 邹鲁圣贤乡，邹城

峄山云涌，怪石奇泉铺展着缠绵，摩崖碑碣，跃动的不是阳光，而是圣贤的向往。孟母三迁择邻处，荒王逍遥归黄土，铁山的四季流转的或许不是邾国故城的雍容，但孟湖之滨，却常有清音将《孟子》歌咏……东方君子国，邹鲁圣贤乡，明媚本应，然否，然否……

峄山之阳，孟湖之滨，绿水婉转着古城的沧桑，青岩小径旁，邹鲁的柔情悠扬。

邹城，是山东七大历史文化名城之一，东倚沂蒙，北襟泰岱，地域不广，但极奇秀。翠色连绵的山峦在京杭运河深情的凝视下瞬间化作了鲁西的一马平川，高低错落的丘陵亦在铁山的嵯峨中将湖光水色蜿蜒。香城长红枣、越夏西红柿、瓦屋香椿芽、看庄马铃薯张扬的不过是邹城最纯然的丰茂，亚圣孟子、贤良孟母、凿壁偷光匡衡、深情不悔祝英台昭示的才是邹城最绝美的风情。

事实上，邹城之所以被盛誉为"东方君子国"，以"圣贤乡"而闻名，多是因为它是亚圣孟子的故乡。在这里，留下了太多太多关于孟母与孟子的传说。由是，不管亲爱的你邂逅邹城的初衷是什么，裹挟着浓厚传奇色彩的"四孟"自然不容错过。

## 千年仰燕翼，沐恩思亚圣

孟子，名轲，字子舆，战国时期著名思想家、教育家，儒家代表人物，温敦恭谦，善养浩然之气，被尊为"亚圣"，有《孟子》一书传世。千秋过隙，岁月流变，孟子已逝，但他的思想却福惠万世。为了纪念他，后人在其生地建孟庙，世代祭祀。

孟庙，又名亚圣庙，位于邹城城南，形制规整，有院落五进，殿宇六十余间，亭台廊阁无数。亚圣殿为孟庙主殿，碧瓦丹甍、飞檐翘角、歇山飞秀、彩绘雕龙。殿周二十六根原色石柱，镌以云龙，刻以牡丹，栩栩之中见玲珑。殿内正

▲ 孟庙亚圣殿

中,供奉着一尊孟子彩塑,衮冕九章,儒雅清隽,观之传神。亚圣殿畔,还有尽述孟子生平的寝殿,供奉着孟子父母的启圣殿、孟母殿以及东西庑殿,殿多不华美,但却古朴典雅、清韵内敛,颇见厚重。

　　孟庙之中,廊桥曲折,花木参差,院落虽略见起伏,但多南北对称,宏伟肃穆。五进院落,错落门庭,渐次递进,虽气氛同样安宁,但风光却各自不同。棂星门枕峄山为画屏,斗拱雕梁,色彩绚烂;亚圣坊三门四柱,棱角纹云,精美大气;御碑亭绿瓦鎏金、堂皇富丽,亭内有霸下亲驮的《御制孟子庙碑》一座,为康熙帝亲题;致严堂雅静秀丽,庭中两株古杏参天,翠色浓荫下,还能见一株藤萝蜿蜒,每至初夏,紫藤花悠悠盛放,浅浅淡淡的花香氤氲着日光,清清柔柔的浅紫垂落了晚霞,唯美异常;焚帛池西,一株古槐斜倚着古墙的青灰,树干中空,树洞若环,月明之夜,洞中望月,奇趣天然;启圣门外,蓊蓊郁郁的柏叶延展着数百碑碣的秀色,这些碑碣,错落分布于孟庙之中,上述秦汉,下达明清,

内容广博，不可胜计。

谒过碑林，在苍劲凌云中追寻着向往，不知不觉，便到了孟府。

孟府就在孟庙西侧，是孟氏祖宅，孟家嫡系世代居住于此。府邸不算太大，有院落七进，前衙后邸，前三进为衙，后四进为孟氏私宅。宅邸称不上华美，但很精致。黑漆的大门后影壁迎风，仪门外青砖花墙、石栏雕棂，见山堂状若曲尺、有太湖奇石矗立方圆，世恩堂荼蘼馥郁、低调奢华，赐书楼古朴雅致，典藏了历代帝王诏书、手书无数，三迁书院朱漆雕梁，琅琅中更别见几分清新。

漫步孟府，一座座颇富年代感的院落、一株株或许并不是最美但却苍古的花木总能勾起人们心中无限的流连与感喟，按快门按得手已发酸了，却仍意犹未尽，却不知，其实，最富古韵的地方，从不在孟府，而在孟林与孟母林。

人尝谕，孟子成材，功在其母，孟母三迁择邻、断机教子的故事自来家喻户晓。孟母逝后，与孟父合葬于邹城城北马鞍山下。墓林不算深杳，环山而建，森森古柏虬结着享殿的红墙，石鼎石桌雕琢着方家的典丽，林木之间，灰鹤黄鹂交

Chapter 2 · 撑一支长篙，漫溯时光 ·

▲ 邹城孟母教子像

◀ 孟府棂星门

鸣，却不知道是在怅远古，还是思今朝。

孟母林中，墓冢其实并不多，孟母墓畔，还有孟子胞弟孟仲子墓及孟氏嫡裔孟宁之墓。除此之外，孟家多数族裔，包括孟子，都归葬于孟林。

孟林位处邹城东北四基山西麓，风景苍秀，林前古道畔，白杨兀立，中有一溪，潺潺独秀，溪上拱桥，婉约如虹，过桥向北，便是孟子的享殿，殿内有石碑八座，典籍诸多，紫香炉中，青烟袅袅，悠扬而上，似乎是在述说着那被一片古柏环抱的孟子墓背后无数引人遐思的故事……

## 岱南灵秀地，怪石恋云泉

相见直如不见，本是相思远，恋恋眷眷，却直言不见不散。千百年来，峄山一直都那样痴痴地将邹城眷恋。

峄山在邹城东南，海拔仅582.8米，却是华夏九大历史文化名山之一，尝有

· 绝色山东，倾城岁月里的水色山青 ·

▲ 泉畔不知名的小花

"岱南奇观""天下第一奇山"之誉。

《孟子·尽心上》曾有云："孔子登东山而小鲁，登泰山而小天下。"此处的东山，即为峄山。

峄山灵秀，有五大奇、八段锦、九龙洞、一十二福地、二十四奇石、三十六洞天，以"雄、奇、险、秀"闻名于世，山姿林态、水语石歌，隽秀婀娜。

深秋日暮，余晖曼落的时候，踩着铺满落叶的山道，迤逦巉岩怪石之间，任橘红色的云霞将青灰色的岩壁淡染，薄薄的白霜垂落远天的青黛，一地霓裳，淡妆浓抹，缱绻却相宜。若值孟夏，雨打玫红，山间或零落或繁密的野花便会不经意间将一山的秀色割裂成灰绿色的幽邃与粉白色的淑婉。

灰的，是石，千奇百怪的峄山之石，这些石头，大大小小，错错落落，多达亿万。有的状若盘龙，云间腾跃；有的形似桃花，灼灼芳华；有的犹如鸾凤，展翅凌霄；有的仿佛巨钟，三石夹峙，巧夺天工；有的好像元宝，虽无金光，但极璀璨；有的好似山河妙笔，丹青内里尽是风烟。

绿的，是树，树龄不一、形态各异的树，垂杨翠色、唐槐轻语、榆木枝干疏朗、松柏赛雪欺霜、桧木桃李交辉，一片或浓或淡、或浅或深的绿涛中，红枫那狭细的叶片恰如一朵朵盛放的火琉璃。

粉的，是泉畔路旁，不知名的野花，一丛丛、一簇簇，星星点点，乍看不起眼，映着奇石，映着青天，却别有几分原始的淑秀与烂漫。

白的，是清泉，是流水，亦是流云。峄山是石山，山间多流泉，泉水或叮咚于九孔通达、千态万状的幽深洞穴之中，或倚在葱郁的花木侧畔，水色不一、形多妖娆，每每风起，万泉水涌，汹涌的水云与天边的流云相偎，蔚为奇秀。

跟随着灰绿，追逐着粉白，朝阳洞、吕祖洞、妙光洞、老君洞、桃仙洞的风华晃眼即过，空中楼阁的玄妙、云砌桥的别致、碧云庵的窈窕、五华峰的巍峨、甘露池的清恬也只是流连。泉涌花前，移步换景，横云断岭间，自别有洞天。待登临山巅，远眺群峰竞丽，俯观泉涌石秀，转身处，还有以《秦峄山碑》为代表的三百余刻石、碑碣林立花木之间。轻抚着碑碣，似乎还能感受到孔子、孟子、秦始皇、华佗、李白、杜甫、苏东坡、郑板桥等昔年览胜峄山、逸兴壮思飞的神韵。

当然，若走过了这些地方，你体内的"洪荒之力"依旧宣泄不完，还可以去邹城博物馆、上九古村、铁西公园、文化广场、凤凰山、斗鸡台、晚照寺遗址看看，风景也算不错。

漫漫邹城，墨香清语，婉约成谜，相遇千番，自有风情万种，由是，你我能做的、要做的，便也不过是背着阳光，抱着晚霞，兴致勃勃，向着邹城出发！如此，足矣！

**旅程随行帖**

### 孟子

孟子，名轲，字子舆，战国时期著名思想家、教育家，儒家扛鼎人物之一，民本思想的倡导者，主张养浩然之气、法先王、施仁政，有《孟子》七篇传世。

孟子是孔子之孙、述圣子思的再传弟子，自幼聪颖，敏而好学，少年名就，周游列国，虽郁郁多不得志，却始终淡然如一。晚年退居讲学，桃李满天下，《鱼我所欲也》《生于忧患，死于安乐》等皆是其代表作。孟子逝后，后人感其教化，追思不已，孟子宋时被封邹国公，元时被尊为"亚圣"，与孔子并称"孔孟"，此后，世享祭祀，至今不绝。

*Binzhou*

# 东临碣石，**滨州**苹果香

相遇滨州，碣石山巅，氤氲的不是红苹果的浪漫，不是麻大湖的斑斓，而是鹤伴峰前黑瀑云海的辗转，是枣花淡淡的馥郁，是落日余晖下的庄园，是佛光熠熠的兴国，更是草长莺飞时独属于兵法城的那份美好与烂漫。

不到滨州，你或许永远都不会知道，历史竟能如此淋漓地演绎，文化还能这般宁静地张扬。它是古城，是老区，黄河文化在此滥觞，齐国故事由此悠扬，寥廓山河万里红的革命洪流亦自此煊赫鲁北，点染四方。

作为鲁北大城，位处渤海湾南岸，被滚滚黄河水纵贯全境的滨州不仅历史悠久，而且山河纵列、物阜民丰、艺术灿烂。沾化冬枣、张高水杏、滨州苹果、长山山药、惠民蜜桃闻名遐迩，蓝印花布、吕剧、清河镇木版年画更享誉中西。

受地形的影响，滨州境内山多湖多原野也多。一望无垠的平原上，茵茵碧草飘香，盛夏时节，姹紫嫣红，群芳竞艳，惊了流霞，更痴了月光。一只只白山羊踩着艳阳，嗅着青草香，悠然地四处闲逛；不远处跑来跑去的灰驴正挑逗着调皮的花斑蝶；古榆翠盖里，渤海黑牛轻轻打着响鼻，眸底所有的美好却都凝固在了碣石山的方向。

## 东临碣石，以观魏氏

远眺沧海静横云，行吟星宿幽洞天，晚来落帆绿渚里，潮动青霞舟楫间，碣石之美，自古宛然。

碣石山，又名马谷山，位处滨州市无棣县大山村村北，是一座复合型火山，有"京南第一山"之誉。碣石山不高，也不广，海拔63.4米。与其说它是山，还不如说它是圆锥状的穹丘。

70万年前，烈烈的熔岩曾以碣石为原点绽放过它的火热与璀璨；70万年间，人间沧海化桑田，被霞石苦橄岩覆盖的它却一如既往地以层次分明、浓淡不一的暗褐悠扬着独属于大自然的秀美、玄奥、神秀与清婉。

碣石山上巉岩无数，奇石嶙峋，植被算不上繁茂，但每逢盛夏，一片片、一

▲滨州魏氏庄园

丛丛、一块块、一条条渐渐晕染开的黛绿，却让整座山峦瞬间变得鲜活起来。远远望去，碣石山竟仿佛一朵盛放于青天之上的芙蓉花，雅秀异常。

　　因为委实算不上辽阔，碣石山山光虽妖娆，盛景却并不太多：碣石古井，苍古朴拙，方形的井口，枣木的井梁，倒映着蓝天流云、枯岩落木，颇见风致；饮马湖红藻勾连、浮叶飘零、水光青碧、白鹭于飞；一线天双峰凌云、一线摩天、奇峻险要；达摩洞幽深如渊，青苔婉转，碧阶蜿蜒；石林巨石如笋，似刀似剑，神乎其神；石瀑布"急流"如云，垂挂天际，幽邃的黑色渴慕着日光；山神庙有些残败，红瓦红墙凋零着岁月，恍惚间，似还能见当年林教头风雪山神庙的沧桑与悍勇。

　　待转过曹孟德横槊赋诗群塑，领略过汉末枭雄石上赋诗的风姿，登临山巅，凭栏观海阁，遥见沧海横流、黄河如带、树木丛生、百草丰茂，不由追思忆远，思绪飘摇：汉末的烽火连绵、逐鹿的铁马金戈、蜀汉的兴衰荣辱、孙吴的起承转合、曹魏的立国定鼎……不知不觉，由魏思魏，竟憧憬起了魏氏庄园的漫漫秋风、溶溶月落。

69

▲ 孙子兵法城

　　始建于清光绪十六年（1890）的魏氏庄园，位于滨州惠民县东南，占地30余亩，坐西朝东，是昔武定府同知魏肇庆的私邸，也是国内现存规模最宏大、保存最完整的清代城堡式民居。整座宅邸，有三进九院，正院大气疏朗、青瓦灰墙、花木扶疏、古风古韵；东西跨院小巧玲珑，各见精致；掩映在绿树间的城垣高低错落，与更道、吊桥、角楼一同勾勒出了一条天然的军事防线。站在高高的城墙上，俯瞰叮咚的流水、繁茂的花草、亭阁怡然的花园，那种居高盼花语、对月流水寒的凛冽与宁静竟分外令人眷恋。

## 丈八佛前语，兵圣说唐李

　　除了魏氏庄园，滨州还有许多像孙子兵法城、兴国寺、唐李庵般氤氲着隽永气息的名胜古迹值得去追寻、去沉思、去眷恋。

　　9月，天高云也淡，邂逅滨州，不仅能与融融的秋色相拥，还能在遍野的火红中与兵法城撞个满怀。

　　一路走，一路看风景，最美好的时光，不独在路上，还在眸中，在脚下，在纷飞的青丝间，在流转着秦汉古风的兵法城里。兵法城很大，占地千余亩，既有兵戈森森的演兵场、气势磅礴的点将台、玄奥诡秘的八阵图、军旅气息浓厚的营军帐、号称"冷兵器时代大百科"的兵器馆，也有斑驳着青苔的古城墙、流水潺潺的护城河、古韵悠然的盾牌池，还有以灯光图影交织出的战争

图卷及缤纷瑰丽的三十六计展示厅。漫步其间,不仅能见古柏垂杨、修竹翠林,还能在潜移默化中领略一番兵家的绝世风情。如是,已经邂逅滨州的你我,又有何理由将它错过?

相比于托庇于兵圣荣光的兵法城,被太多烽火痕迹点染的兴国寺则更显风霜。寺庙不大,位处滨州博兴县东南。寺内,有一尊雕琢于东魏天平元年(534)的青石圆雕大佛造像,佛高5.6米,方面大耳、慈眉善目、袈裟结带、肉髻赤足、高立莲台之上,宝相庄严。清时,寺中香客络绎不绝,香火不断;今朝虽不复盛荣,却也别有一番清新幽静的意趣。

始建于隋唐的唐李庵与兴国寺一样,也是一座历史悠久的佛寺,在齐鲁一带,向有"小灵岩"之称。庵堂曲径通幽、清雅别致、文脉昌盛。庵内,林木荟郁,有兴林塔摩立云天,彩绘飞龙精巧绝伦,文冠果树千年独秀,各类古籍、书画、文字荟萃,水墨青岩,蔚然成画。虽已无钟鼓禅音萦耳,置身其间,却也颇有几分出尘绝俗之意。

## 枣花醉绿廊,红苹馥果香

作别唐李庵,沿山路蜿蜒前行,不经意间,便已误入枣花深处。

位处滨州沾化县下洼镇的冬枣生态园,天然就萦带着三分清美的风韵,五十里冬枣长廊用细叶相伴着斜阳,思源湖的波光潋滟着沃土,待簌簌秋风将嫩黄的枣花雕琢成一颗颗红中泛青、青中晕红的琉璃枣子,被压弯的枝头便成了百米栈道旁、五彩风车畔至美的一道风景。

若你和你的爱人本就钟情于乡野的味道,想要笑语欢快地体味一把农家的野趣、爬树擎杆、攀枝落叶,冒着霜寒,呵着双手,亲自采上五六篮、甚或一两筐,自其乐无穷。若是不然,双双裹成"棉花包"到东西两大冬枣交易市场上去购买,带回几袋也算圆个念想。

如冬日的严寒终究还是逼退了你对美好的向往,也没关系,红苹果乐园会为你将这份遗憾无声地弥补。

乐园不大,数百棵果树常在蝉声中用翠色歌咏着盛夏,偶尔,也会在冬雪里邂逅几点红梅,不过,乐园最美的时候,却还是在春秋。阳春三月,苹果花怒放,点点粉白连缀出一树的明媚,株株花树又拼接成一片烂漫的花海,微风轻拂,花海扬波,那片片浅浅的绿,就似海上竞渡的帆,伴着清香,悠悠济云海,脉脉品月落。直到,东风转作西风,一汪粉白零落成泥,尔后,便在火烧云的注视下,蒸腾成了满目如火的红。踮着脚,伸出手,轻轻摘一个红苹果,放到嘴

· 绝色山东，倾城岁月里的水色山青 ·

▲ 在红苹果乐园中，随处可见被秋风染红的苹果，极为诱人。

◀ 冬枣生态园中的冬枣

边，咔嚓一口咬下，酸酸甜甜的味道尚未蔓延到舌尖，亲爱的你怕已顶着热爱自然、热爱田园、热爱采摘的名头疯狂地将一个又一个苹果拥入怀中。

## 黄河古道蜿蜒，北国也有江南

浓浓果香，簇簇枣花，无疑是一种别样的风情，但于滨州而言，枣花落尽处，却仍有着无数芳菲等待铺展，譬如黄河岛，譬如麻大湖。

黄河岛位处无棣县东北，濒渤海，为黄河古道，昔年大禹疏九河，九河蜿蜒，便是自此入海。小岛四面环水，植被丰茂，怪柳总以惊掉了所有眼球的婀娜嘲谑着十里桃花的艳美无双，竹杨也在金合欢的仰慕中痴情地等待着金沙滩的眷顾，万亩林海如飘带，水清沙白中，亦将贝壳山的斑斓流转。赛马场上，一匹匹骏马驰骋在蓝天下；书画院里，一幅幅丹青已将黄河文化辗转。然而，那仿佛银河天落般的黄河眷恋的却从来不是黄河岛，而是那远在博兴、翩然若仙的麻大湖。

麻大湖，是鲁北最仙姿妖娆的水域，烟波万顷，水草繁茂，碧苇蒲花之间，村落俨然。小桥流水、黛瓦白墙、渔舍沐着星辉，门前杨柳，翩翩随风，柳畔石桥，小巧别致，桥头小舟，夜泊江枫，枫叶落处，还有芦花飞雪，一派婉约秀色。湖中，更有岛屿星罗、阡陌交错、朵朵红荷玉立烟雨，匹练秋光惊了鸬鹚，当炊烟话遍芙蕖、冰霜惊了锦鲤，此中唯美，便已荡漾。

当然，若黄河岛的清波已化作身后的流岚，麻大湖的烟雨秀色也早无法将匆匆的脚步留住，那凝眸鹤伴赏槐花，淡看仙山古柏骄，走走海丰塔，逛逛武圣园，拜拜大觉寺，便也应当。

或许，滨州并不是山东最美的地方，但当碣石染翠、枣花飘香，汤汤黄河将麻大的清丽蜿蜒，兵圣的浪漫跨越千年在兴国晚钟中铺展，苹果花朵朵，甜蜜了满眼，那一刻，滨州的美，无与争锋，更毋庸置疑！

**旅程随行帖**

### 滨州名产

滨州的地方小吃有许多，最著名的有四样：锅子饼、芝麻酥糖、大山小铁屋烧鸡和武定府酱菜。

锅子饼是滨州传统名吃，源于清末，由两张薄薄的软面小饼夹上熟肉、鸡蛋、豆腐、香菜后微煎而成，有些类似大饼卷肉，入口流香，味道非常不错。

芝麻酥糖，是以黑白芝麻为原料，揉和各色配料做成的一种糖，醇香酥脆，嚼劲十足，有原味、山楂味、橘子味、桂花味、菠萝味五种不同风味。

大山小铁屋烧鸡，是明代御厨世家邢家的祖传美味，肉质嫩滑、味道鲜美、外表酥脆、内里和软、色泽鲜艳、风味独具，在京津冀鲁一带皆颇负盛名。

武定府酱菜，源于清代，为山东名品，甜中带咸、酱香浓郁、味道可口，元香斋、福元居、仙泉居等老字号的酱菜尤为地道。

## 专题

# 岁月的雍容：山东民俗多烂漫

泱泱黄河道九曲，巍巍泰山说倾城，行走在山东，俨然如梦。

崂山清幽幽的道韵，栈桥最温醇的海风，明湖最明艳的红荷，故城最沧桑的石刻，烟墩天青色的烟雨，岱庙朦胧胧的秋月，黄河口最烂漫的斜阳，日照绵软软的沙滩，菏泽娇艳艳的牡丹……山东美丽的风景委实太多太多。

或许，相遇山海里，品一场视觉的盛宴，已是邀天之幸。然而，当向往泛滥成灾，驻步匆匆的你我，最憧憬的却永远都不是那远方的朝霞与日落。

风景可以复制，山水从不独一，邂逅山东，山、海、花、月、长河、裂谷，春夏秋冬轮转，地理太多奇妙自不容错过。然而，最不可错过的却还是山东那镌刻在骨血中、独一无二的另一种风情——民俗。

### 博物馆，风物多

民俗，其实是个很宽泛的概念，民间服饰、节庆、饮食、起居、歌舞娱乐等各方面的风俗习惯，都可谓之民俗。总而言之，民俗，就是一种民间文化。

不同的地域，不同的环境，不同的民族，不同的风物，缔结的文化之果自也不同。

江南朦胧的烟雨中交织的是吴侬软语，是一种别样的精致；山东滚滚的海涛中澎湃的则是任侠爽朗，是另一种豪放。

山东是齐鲁故都，圣人故里，传承悠久，点染着强烈地域特色的民俗资源不知凡几，这其中，最奇特、最富历史韵味的当属各地的民俗博物馆。如潍坊世界风筝博物馆、淄博陶瓷博物馆、临淄中国古车博物馆、青岛民俗博物馆等。

或许，在很多人看来，博物馆这种地方，要风景没风景，要情趣没情趣，实在是没什么参观的必要。其实不然。博物馆是一省一市一地民俗风物荟萃的地方。在这里，你或许领略不到春花秋月、夏雨冬雪的自然静美，却能领略到另一种源于骨血中

的最古老、最深情的文化，了解到许多古物件、古技法的前世今生，亦能见到平时所不能见之曼丽。譬如，临淄中国古车博物馆中就有春秋时的四马挽勒战车、周时的曲衡车、攻城专用的云梯车等珍贵古车；陶瓷博物馆中，有世所罕见的黑陶瓷器。

## 渔家乐，农家乐

若亲爱的你，没有那么深沉的文艺范儿，对博物馆也委实无爱，也没关系，渔家乐、农家乐的强强组合定能让你领会到另一种别开生面的民俗风情。

山东，多山，亦多海。卷雪的惊涛张扬的不仅是风波，亦是浓情。

走进渔家乐，吃渔家饭，住渔家屋，体验渔家日常生活，早成了漫步海边的你我最钟情的一种旅行方式。

惠风和畅的时节，戴上斗笠，穿上胶鞋，和渔民们一起吹着号子去赶海，蹿上跳下地捕鱼捞虾、摘海带、捡牡蛎，弄个浑身湿透也备觉神完气足。倦了，累了，坐在海边，悠然地"抱"着大海晒晒日光，画画沙画，雕个贝壳，或者亲自动手，和渔家姑娘一起拾掇拾掇黄鱼，做几样美味，其实都很不错。

若正赶上节庆，舞龙、舞狮、扭秧歌什么的，看看就好；"八仙过海""群龙闹海""渔鼓催春"等游艺表演才是真正的重头戏。若逢灯节，绽放于海上的火树银花、各色各样的花灯，和着歌舞、船橹与海潮，更美得绝代、乐得别样。

农家乐嘛，和渔家乐其实异曲同工，游人至此，上树看鸟，下河捞鱼，打打野菜，试试犁耙，看看田园风光，睡睡农家大炕，听听农家小戏，看看斗鸡、斗羊、斗马、斗蟋蟀，骑下毛驴，推推碾子，赶趟农家大集，新鲜新鲜，热闹热闹也就是了。

当然，若说最热闹、最喜庆、最具地方风情的，唯有国际性的节庆活动。

## 大热闹，大节庆

仁者乐山，智者乐水。我辈俗人，则乐欢喜，乐热闹。

山东民俗旅游资源极为丰富，节庆活动，年年不绝，各色各样，令人眼花缭乱。这其中，最闻名者，自然要属国际孔子文化节。

山东曲阜，是圣人故里，儒家文化源流之地，诗书礼乐相伴，晨钟暮鼓每闻。岁当9月，盛会空前，六艺表演精彩夺目，儒学大会群英荟萃；祭孔大典上，祭者庄严吟诵，祝者虔诚祷祝，舞者手执雉鸡羽，脚踏春秋步，和着古老的乐声，跳着神秘的八佾之舞，那情形、那气度，置身其间，胸中自有一股浩然之气。

除了孔子文化节，山东独树一帜的民俗特色节庆活动还有许多，譬如潍坊国际

风筝节、青岛国际啤酒节、菏泽国际牡丹节、泰山国际登山节、泰山封禅大典、威海国际渔民节等，有时间不妨去走走看看。说不定，众里寻他千百度，在那千万的人流中，在那独特而多彩的庆典上，你也能与命中注定的那个人蓦然回首，相遇阑珊处。

## 村村绮，乐游园

　　相识相恋，与其月下花前，倒不如观观民俗婚嫁，看看民俗乐园，惬意又悠然。

　　山东境内，真正意义上的民俗村、民俗主题游园其实并不多，较有名气的不外以木版年画驰名的杨家埠民间艺术大观园，以坐马车、放风筝、剪窗花、绣荷包而闻名的山东安丘市石家庄民俗旅游村，依托山水秀色、齐鲁民风的青云山民俗园，被誉为"江北聚落标本"的朱家峪民俗村，以湿地风光、水上民俗独秀一时的微山湖渔村等。这其中，微山湖湖域内，"水上世家"之间的"水上婚嫁"，更匪夷所思，别具特色。

　　民间有花开，戏里道情浓，风情如诗，风俗独特。

　　邂逅山东，深入齐鲁，看的是什么？不是明月，不是清风，不是奇山，不是瀚海，而是那村里不经意的一抹淡雅、舞中难掩的一缕清丽，是那独属于一个地方的最纯粹、最本真的味道。毕竟，最美的时光，不仅在风中，在路上，在回忆里，还在心中，在那多姿多彩的民俗里。

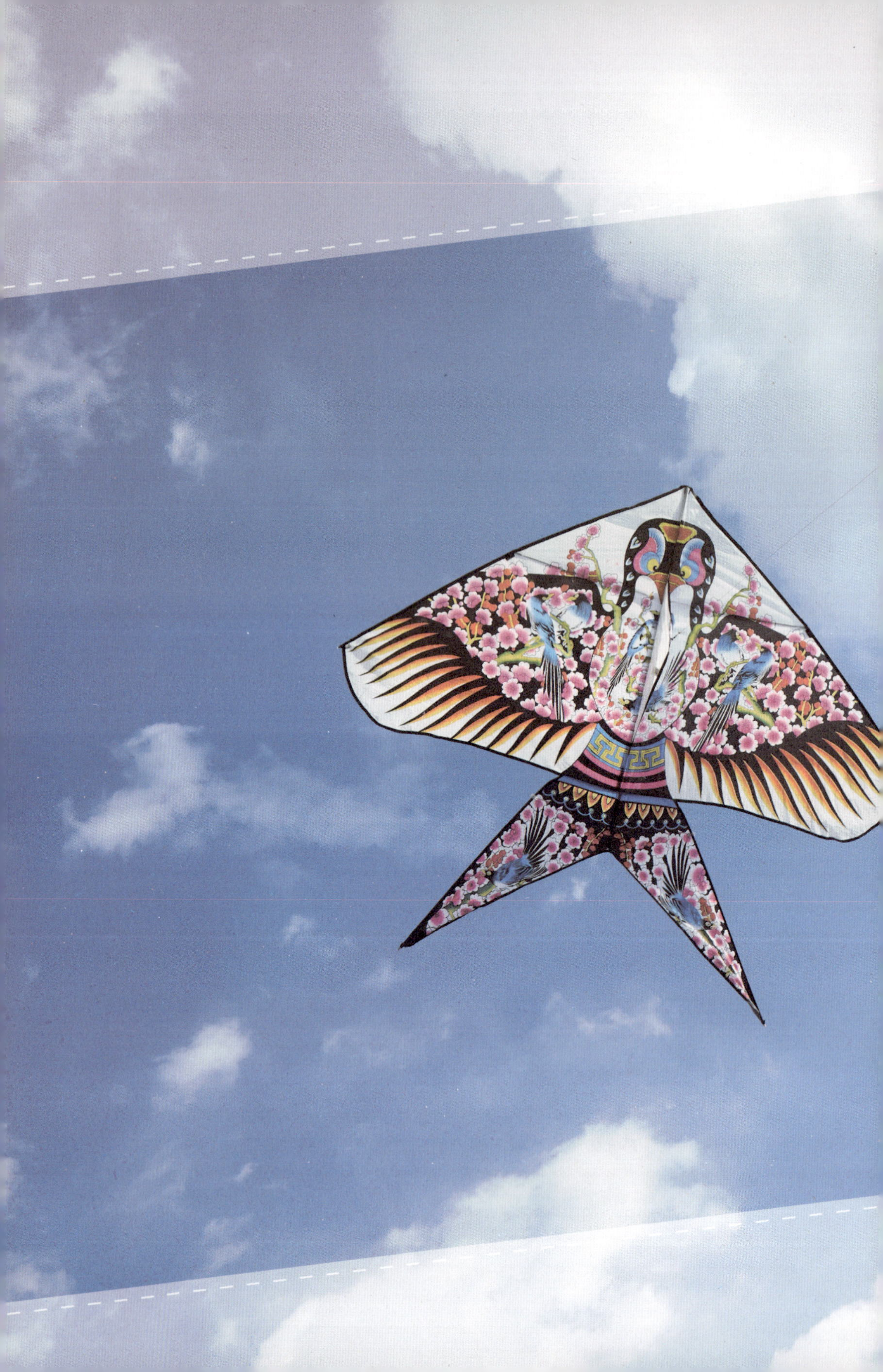

Chapter 3

一座城，一段情，一种绝色

## Weifang

# 绿洲白浪，**潍坊**放纸鸢

　　十笏语，蔓浮烟，绿洲白浪，玉雪飞琼楼；石门歌，溯龙云，洞里洞外，红叶深深落；大概，悬泉寺的三歧古柏从未用万里华盖遮蔽过青空，但老龙湾畔，富华园中，一只只纸鸢却仍纠结着那名为潍坊的旧梦……

　　潍坊，是京东古道畔的名埠，位处山东半岛东部，南倚泰沂、北濒渤莱，为鲁省大市。市内，山河纵列，地形多变，暖温带暴躁的季风在此仿佛转了性子，颇是温情脉脉，由是，潍坊蜜桃、青州银瓜、安丘樱桃便活脱脱地凑成了一支"超能水果陆战队"，或许，也唯有由高密剪纸、临朐铁花、扑灰年画临时组建的"民俗特工队"才能与之分庭抗礼吧。

　　当然了，纵便春花望尽春云暖，草长莺飞夏木繁，昔日尝以"二百只红炉，三千铜铁匠，九千绣花机，十万织布机"闻名遐迩的潍坊最得天独厚的地标还是风筝，"鸢都"之名，千年传扬，从未虚负。

## 风筝的前世今生

　　爱在一瞬间，往事却可越千年，或许，是因为"终共白云飞"不过昙花一现，又或者，醉春烟的杨柳畔，那一线凭风去的纸鸢委实扬起了太多的甜蜜与浪漫。所以，即便杏花微寒、往事支离，潍坊的天空却仍将风筝的前世今生追忆。

　　追忆，追忆，忆在街角巷陌，忆在店铺茶坊，忆在月下花前，忆在柳树浓荫，更忆在潍坊世界风筝博物馆。

　　始建于1987年的潍坊世界风筝博物馆，是国内第一座大型专业性风筝博物馆，有展厅12个，典藏有软翅、硬翅、板子、桶类、串式、微型等品类的风筝1000余只。其中，不仅有潍坊最传统的双燕风筝和牡丹风筝，还有来自世界各国，国内各地、历朝历代的各种造型迥异、风格截然不同的风筝，如天津风筝、北京风筝、朝鲜风筝、尼泊尔风筝、古代鲁班风筝等。漫步其中，就仿佛走进了一座风筝大观园，满目琳琅，一步一鸢飞，委实是惊艳异常。

　　流连鸢海，恋恋半晌之后，去第五展厅，看看风筝的"前世"，欣赏一下最

**▲潍坊风筝广场鸢标**

网架结构简洁明快，顶端蝴蝶活灵活现，似随风而动，是鸢都一座标志性景观，为南来北往的游人留下深刻的印象。

**▶风筝制作**

地道的风筝制作工艺，自也收获满满。一只小小的风筝，从选料到扎绑、绘画、裱糊、成品，一套工序下来，似乎平常得很，但每一个环节，却都内有玄机，没几分真功夫，断然是干不了的！

你不信？行啊，若你对自己的动手能力足够自信，现场DIY一个风筝也不是不可以，或许，你就是下一个风筝大师也说不定。当然了，即便你一开始就手足无措，也没什么关系，一只自己亲手扎制的风筝，哪怕再粗糙、再"奇葩"，在爱你的人眼中，都是最美、最可爱的。彼时，若能趁热打铁，拉着她的手，一起去风筝节上凑凑热闹，纵情地奔跑，肆意地欢笑一把，或许，多年的爱情长跑不久就会被两个红本本取代也说不定哦。

每年4月20日左右，或在海滨，或在山畔，或在另一片花开锦绣里，国内规模最盛大的风筝节便会轰轰烈烈地在潍坊拉开序幕。届时，来自世界各地的数十支风筝代表队将云集鸢都，以风筝"论剑"，当数百上千只风筝一同升空，蓝天碧水，芳草茵茵，各式各样的风筝迎着春风、追逐着阳光，渐渐高飞、高飞，那般盛景，委实妙不可言。尤其是那色彩艳丽、造型夸张的巨型龙头蜈蚣风筝及代表着优雅典范的簪花仕女风筝袅袅相伴入云天的时候，那一只只或素雅、或朴拙、或中规中矩、或玲珑小巧的风筝，长线常牵，放飞的便是你我内心最纯然的向往了。

向往越飞越高，风筝越飘越远，仰首望青空，哪吒、樱桃小丸子、太白金星、楼船、雄鹰、哈利·波特、魔法杖、小精灵、侍女、燕子，各种各样栩栩如生的风筝已经开始了一场大乱斗。"江湖"路远，"刀光剑影"，或许，你DIY的小风筝委实武艺平平，没什么成为"十绝"的希望，但得个最有创意奖、最"奇葩"奖或者最有品位奖，却不是全然没有希望。纵便真没有，咱也是"万筝丛中过"的人儿啊，怎么也能炫耀一下，你说，是不是？

## 白浪绿洲，龙云深涧

飘若素云浮碧霄，翩然白鹤度青山，满天的纸鸢带着无数的向往渐渐远去，本以为再也回不来，却不承想，筝线尚未收紧，那被放飞的向往竟已在绿洲白浪的召唤下悠然回归。

白浪绿洲湿地，位处潍坊市南，依托着汤汤的白浪河，碧水绿妆，旖旎别样。

湿地内，池、塘、河、渠纵横，柳、桃、榆、槐错落，高低起伏之间，原始的野趣盎然。蓝紫相间的野花常在一片又一片不知名的林木间摇曳生姿，野生的大鲫鱼在跃出水面的瞬间，也总会被那环围在河边的深绿、墨绿、浅绿、青绿、葱绿、嫩绿迷了眼帘。初春，翠鸟啁啾垂杨柳时，山楂树也忍不住悄悄翘起了一片又一片嫩叶；鸢都湖的波光常眷恋着盛夏的白杨林；秋日，飞雪的芦花总爱嘲笑落叶的梧桐；雪落的日子，清明水街的浪漫瞬间便凝固成了风帆码头最亮眼的彩帆。

九九重阳，登高望远的日子，插一枝野茱萸在头上，登临秋水云阁，举目远眺，汤汤水流东，萧萧落木也在黄与绿之间交织出了另一种斑斓；尤其是万里无云的晴日，站在颇具古风的高阁上，凭栏而望，更觉天高地阔，诗意而辽远，若适值雾散天外，晨曦初露，或许，还能遥望到那以"自然、淳朴、深幽、迷奇"而闻名天下的龙云涧也说不定。

龙云涧，坐落于潍坊市坊子区穆村镇，水域广阔，山景清奇，峭壁巉岩，沟壑万千，错落的草甸勾连着如繁星般的湖泊，大大小小九条龙涧蜿蜒其中，胜景天成。大龙涧水流潺潺，草木丰茂，百鸟翔集；小龙涧形肖元宝，水域不阔，但水面垂杨、芦苇摇曳、神工偶得的岩洞更洋溢着几分粗犷与蛮荒的意味；西龙涧

潍坊石门坊漫山红叶

风平水静、蜂飞蝶舞、一片安闲;青龙涧,绿叶红果,瀑布飞珠,伴着茶香庐的袅袅茶香、村寨里的荷塘月色,更妖娆别样……

徜徉绿水,漫步青山之后,若尚有余暇,还可以到穆村镇里随便逛逛。镇子不大,却古韵流香:君子亭精雕细琢,古槐树枝叶擎天,汉墓牵连黄昏,悬棺离奇神秘,杏林别墅精致玲珑,巨龟山栩栩如生,各种各样的石碑、石碣笔撰苍雅,鸵鸟园、孔雀坪、蒙古包、跑马场更能放飞胸中无限的野望。

## 十笏园畔的红叶物语

品过绿洲白浪的悠然,抱着龙云涧,晒过秋叶红果的妖娆之后,抖掉一身的懒散,徒步十笏园,自也是题中之义。

十笏园始建于明,盛荣于清,原为明刑部郎中胡邦佐旧宅,后被潍坊首富丁善宝收购,改建为私家花园。

十笏园虽不大,但却兼容北园之深秀、南园之玲珑,"峻岭寒松荫薜萝,芳池水石立红荷",亭台楼榭参差,九曲长桥连落霞,风致天然,为潍坊"雅文化"的典范。

园内,砚香楼檐角重叠,古色古香,登临俯瞰,可尽览山亭秀色;"稳如舟"亭临河巍然,形似行舟;四照亭潋滟池中,静静地守候着十笏草堂的茅歌清语;落霞亭藤萝掩映、花团锦簇;亭畔临风,有怪石嶙峋,无数"青山"迤逦着

▲ 潍坊老龙湾冬景

　　小沧浪的淡雅，"园中园"里，雪庵落雪，层叠交错间，更平添几分逸趣；待循着那垂落了夕阳无数的蔚秀亭，转朱阁，过绮户，在潇潇细雨中登临春雨楼。日暮，临窗静坐，倒也真有几分"小楼一夜听春雨"的意味，更何况，这里可是《西游记》高老庄中翠兰绣楼的取景地，说不定，一夜风雨后，幸运的你真能与"高翠兰"来一次邂逅。

　　石门坊，名为坊，实为山，山势嵯峨，曲结向南，两峰夹峙，状若石门，每当日暮，日照"石门"，仿似天开，瑰丽别样，兼且金池染墨、崇圣遗光，更觉风华别样。及至深秋，霜打栌叶，黛里铺红，摩崖照石，火染山青，慕名来山间踏秋赏红叶的人更是络绎不绝，挽着爱人的手，漫步"火海"，静看花开，许下三生三世的诺言，更是格外浪漫。

## 泉以山解语，河以水怡情

　　浪漫过后，再回首，原以为一切都已在深红中凝固，蓦然凝眸，却才发现，原来，老龙湾畔，海浮山巅，竟还深藏着一段最唯美的往事，一首最幸福的清歌。

　　老龙湾风景区位处潍坊临朐冶源镇，青山绕水，水映青山，以山为丽，以泉为胜。大小两处龙湾，有泉逾万，缕缕涌泉，如烟如玉，伴水藻摇曳，一如海底深林，蓊郁深秀。

　　湾畔，竹柳千幛、花开嫣红、葱绿之间，云蒸霞蔚，日暮黄昏，细雨凫鹜，百鸟投林，亭阁掩映，自然巧致。临湾南顾，碑石错落，大小数十个"龙"字皆为名人手书。"百龙园"里，山石兀立，更别具特色。

踩着春花，沿湾一路向南，须臾，双面临水、妖娆奇秀的海浮山便已在望。海浮山不高，仅215.9米，山巅卧龙岗，石怪松青；山腰梯田，层层叠叠，如绿海叠浪；山南将军墓，壁画连绵，巧夺天工；山北野藤花，烂漫着鸣蝉，蝶舞时分，更觉天然。

山东麓，温泉河漫漫东流，榴花垂岸，花开似锦，水映碧野，山果萦枝，虹鳟鱼跃，乡味扑面；山南，巨洋湖水面宕阔，杨柳依依，芙蓉岛巧蜓丽色、秀美清爽。百丈崖凭湖卓立、直插云天。崖畔不远，悬泉寺傲立紫藤之间，寺内悬泉，叮叮咚咚，昼夜垂落于石岩之间，若珍珠垂挂，似银河雨落，淅淅沥沥，朦朦胧胧。临泉而望，翠柏生香、一树三枝、古柿浓荫、松盖无影，更蔚然成奇。寺内晚钟，悠悠独鸣，和以鸟声蝉噪，更别有几分幽独的气质流溢，漫步其间，总觉山泉解语、流水怡情、山花独笑、老树含春，个中种种，得天独厚，或许，也唯有"造化珍迹、琳琅梦境"才能将之形容。

远山青微，近水迤逦，从老龙湾解语的悬泉中梦醒，移步向前，为云霞倾倒的浮烟山、潆洄着绿波的张面河、镌刻着盛世荣光的庵上石坊、充满了科幻风情的富华乐园，总会成全你心中关于美的所有幻梦。

瞰流泉，歌红叶，秀色潍坊；红叶雕龙，深涧里、杂花乱；青空之下，一只只纠缠着旧梦的纸鸢袅绕的从来都是不见不散的完满……

## 旅程随行帖

### 潍坊"三奇"

潍坊，古称潍县，诗礼历代，文化繁荣，以"三奇"而闻名。

一奇，悬泉倒垂。老龙湾悬泉寺里的悬泉，终年不枯，倒挂岩穴，奇景天成。

二奇，状元同巷。状元，无论古今，那都是让人仰慕的，而在潍坊南关，有一条宽不到三米的陋巷，仅清光绪一朝，就同出了两位状元：曹鸿勋和王寿彭，不可谓不奇。

三奇，"死海"不沉。潍坊寿光林海博览园中有一座不沉湖，酷肖死海，人入水不沉，颇为奇特。躺在不沉湖上浮睡、看书、观景、晒太阳、看流云已成了寿光一种新的旅游时尚。

# 淄博，周村与鲁山的绝世恋歌

爱在水流东，怅惘多少梦，原山固执地守望了千万年，换来的不过是开元溶洞最决绝的一声不再见；周村繁华了多少年，水墨淋漓，却依旧忘不了聊斋城那一片月色中的狐仙；仲秋时节，斜阳细雨，黄昏的柳眼里，多半不见倾城，但彼时，邂逅淄博，邂逅那记忆中的《大染坊》，却也别是一种浪漫。

淄水汤汤，流转着博山的春秋，剪裁着秦汉的峥嵘，一个不经意，便用水花将淄博化作了远古。

淄博，为鲁中名城，北濒黄河，南倚沂蒙，扼山东半岛咽喉，位置险要，矿产资源丰富，境内多山、多湖、多泉群，山水之间，不仅秀色旖旎，还有无数的传说流传：陶于河滨的舜让青瓷晕开了月色；赵宦娘不懂藏在鹧鸪戏里的雪月风花，却常清歌着聊斋俚曲；牛郎织女不爱璀璨银河，却独爱那琳琅的内画、如玉的琉璃以及周村酥进了人心里的大烧饼。

## 和陈六子一起好好活着

天青色等烟雨，水红里盼舟楫，而流转着淡淡鲁商情怀的周村古商城则一直在等你。

古商城，肇始于明清，是北方最著名的商贸重镇，以手工业起家，向有"天下第一村"之誉。

古商城算不得多大，纵横交错着大街、丝市街、银市街等十数条古街。古街两侧，店铺林立、古迹纷繁，既有青瓦灰墙、窗棂雕花、带有浓厚古典色彩的明清古建筑，亦有彩色玻璃、金色藻井、蓝顶白墙、洋溢着欧陆风情的"西洋景"。入夜时分，站在古商城轩阔华美、精致高大的牌坊外，透过红灯笼摇曳的灯光，极目远眺，斑驳陆离的光影在月色下静静地蜿蜒、交织，那一处处亭阁、一座座殿宇、一家家商铺，就仿佛瞬间都"活"了过来，纵然不见昔日巨贾云集、熙熙攘攘的繁华，却也还有几分商埠重镇的气势。

大街是古商城的主街，街道不算长，两侧却票号林立，昔年，北地商人都知道,"大街不大,日进斗金",可见一斑。章丘旧军孟氏的"八大祥":谦祥益绸庄、瑞蚨祥绸庄、瑞林祥绸庄、瑞生祥银号、阜祥当铺、春和祥茶庄、鸿祥茶庄、泉祥茶庄虽已不复曾经的富丽喧嚷,但沉淀了风雨的一家家老店却愈显雍容华贵。银子市街大德川、三晋元、大德通等票号分号林立,无声地详述着周村旧日汇通天下的盛荣。

除了各种各样的票号、店铺,古商城内还有不少裹挟着沧桑气息的古迹殿宇,如濯河东岸彩瓦琉璃、飞檐斗拱、常用风铃点缀着佛光的千佛阁,周村东郊供奉着孝子董永的董公祠,万卷楼西的尚书府,以及那用花布书写着山河万里的大染坊。

周村的大染坊,是不是电视剧《大染坊》中陈六子当年染布的大染坊呢?每一个邂逅古商城的人或许都会有这样的疑问,毕竟,那个乞丐出身、没什么文化

◀周村夜景

▼周村
周村古商城历经数百年风雨至今仍保存完好,街区纵横,店铺林立,建筑风格迥异。

Chapter 3 · 一座城,一段情,一种绝色 ·

但重情重义、精明干练的陈大掌柜给世人留下的印象委实是太深刻了些，以至追寻他的脚步已经成了游客的一种时尚。

漫步古商城，略有尘埃的空气里似乎从来都不缺少那个男人的气息，追寻着他的脚步，走在周村的街角巷陌，思忆种种，不觉竟有些惆怅。

## 那抹浓浓的绿，那段无果的缘

倘若，大染坊用布织成的斑斓从不是爱的结局，那执着了千万年的原山或许也能等来它想要的红袖添香、开元软语。

原山，位处淄博市博山区孝妇河畔，山连水色，有一百二十余峰峦错落其间，主峰禹王峰峻拔奇险，树木丛茂，火炬树、黄精、山榆、黄栌、侧柏等，不胜枚举。初春花未开，连翘便已迫不及待地将阳光的金色映入眼眸；初夏，若雪的槐花总居高临下地俯瞰着漫山的姹紫嫣红；深秋，酸枣累累的深红与红叶浓淡不一的火色常是流云下最美的风景；入了冬，皑皑的白雪尚未压断松枝，蔚蓝的冰花便已将整座禹王峰凝固成了禹王殿外那痴痴守望着凤凰的苍柏。

凤凰山在原山侧翼，因形肖凤凰而得名，山不高峻，却极灵秀，一片浓浓的深绿间更掩映着玉皇宫、明红门、泰山行宫等古迹无数，山脊横斜间，还可见一条青砖灰石雕琢的"长龙"——战国齐长城蜿蜒其间，青砖虽已斑驳，但透过那岁月的断片都不曾抹去的诸多创痕，却仍能想见昔年金戈铁马、悍然关外的豪情，以及孟姜女望断长天、啼哭不止的斑斑血泪。

山畔不远，就是森林精灵们用"天空之泪"铸造的森林乐园，坐在散发着原木清香的小木屋里，一边慵懒地晒着太阳，一边看着因迷失在八卦阵里而皱起了小眉头的宝贝，委实是一件很有趣的事情。倦了，累了，去荡荡秋千、玩玩吊床、和家里的大宝小宝一起去滑滑草也不错。当然了，所有的这一切，全都以亲爱的你已经"脱单"为前提。若没有，也别着急，请转身向右，到"石海"畔拍一张在北方极罕见的喀斯特溶岩风景"明信片"，再去峭壁边，将那质朴纯美的岩画偷偷拓印一张，和"明信片"一起，打包寄给你亲爱的人。如是，纵便你依旧得不到他相守白头的许诺，却也不会如原山一般，即便有着凤凰山、望鲁山、薛家顶、夹谷台、禹王山五大"神助攻"，相恋千年，换来的还是开元溶洞决绝的一声"不再见"。

开元溶洞，是一条廊道厅堂式溶洞，位处博山区源泉镇，素有"天下第一洞"之称，与桂林芦笛岩并美当代。幽深的洞穴内，开元年间的摩崖石刻随处可见，或已残缺，但仍保留着历史的遗韵，洞内各式各样的石笋、石幔、石旗、石

**淄博小桥流水**

流水潺潺，石孔桥静静地卧在水面上，好似一幅清丽的山水画卷，画卷的名字叫周村。

▲ 淄博城市风貌

钟乳更用天成的棱角勾勒出了一卷鬼斧神工的壮丽。

"水帘漫卷"的水帘洞，用大大小小的白色钟乳石拼接的"迷途水母"，深、长、广、秀的开元"龙脊"，万斛莹白剔透的石葡萄铺成的"珍珠滩"，瑰丽梦幻的石珊瑚，激流飞荡的石瀑布，似天王托塔般的斑斓彩笋，丝缠线绕的"盘丝洞"，端丽慈和的"观世音"……走进开元溶洞，就恍如走进了一个妙丽多彩、充满魔幻气息的"爱丽丝仙境"。

很明显，开元溶洞就是个元气满满、憧憬着爱情童话的粉红少女，她向往的是不凡，是绮丽，是不一样的刺激与缠绵。如是，方正敦厚的原山始终无法虏获佳人芳心似乎也变得理所应当，毕竟，那一袭长衫、酷爱志怪、总把风月徘徊的小说家蒲松龄在她眼中显然更有魅力。只不过，魔幻少女也不是书生的情长所在，蒲公子深恋的永远都不是开元，而是那月下的狐仙，是有着赵宦娘的《聊斋》。

## 赵宦娘的卖萌日常

霞绮风满井，石隐月同春。以一场淋漓的泪落作为告别礼后，转身原山，踏着艳阳，到聊斋城看看让开元也失恋了的赵宦娘，却也无妨。

聊斋城是蒲松龄故里一座以聊斋故事为主线，贯穿着浓浓蒲氏风情的北方大

▶ **聊斋城放映的聊斋故事**

型园林，爱情的颜色满满。聊斋宫，曲桥碧水、青山横斜、亭阁处处、风荷飘香，更以栩栩的彩塑将《聂小倩》《阿宝》《婴宁》《白秋练》等经典聊斋故事在现实中淋漓具现。狐仙园距聊斋宫并不远，园中假山重叠，曲水流觞，淡雅的花映着水中的月，古朴的廊阁常忧伤着绿叶，每当清辉绕月时，玉石栏杆畔，似乎总隐隐能见那静静听琴的伊人倩影。

宦娘琴苑在城西，有雨夜听琴、道观学琴、宦娘琴台、喜结良缘四处萦着凄美味道的爱情景观，琴苑不大，却很雅致，每年聊斋俚曲大赛举办期间，琴苑中总是人满为患。

出琴苑，听着故事，品着阳光，一路向前，走过蒲松龄曾设帐读书的石隐园，喝过"予蓬莱不易"的满井水，从碑碣林立的蒲氏墓园旁路过，用不了多少时间，蒲松龄纪念馆便已赫然在目。

纪念馆，原是蒲松龄的故居，占地不大，是一座明清时期的典型北方小院，院落规整，林木扶疏，蒲松龄当年著书的聊斋仍沐着风雨。茶舍中，茶香似乎还在袅袅，天井廊阁，亦一如既往，四枚"留仙"印上还有红泥的墨香，只可惜，执印的那个人却已化作了一张供后人凭吊的画像。由是，纵便馆内典藏再丰富，风景再幽美，却也难免令人平生一缕怅惘。

黛色潋湖光，北国聚风烟，原山不算巍峨，聊斋城也难免零落，但当马踏湖的白浪卷动了周村的青石路，点点灯影下，淄博也足称倾城。更遑论，淄博还有无数美景等待我们去发现，去憧憬，去偶遇，去爱恋……

一生一世一花开，追逐美的日子，从没有结局，但当淡淡天青烟雨重，斜阳古道瀑布鸣，不如踏雪开元，与淄博道一声重逢。

**旅程随行帖**

### 聊斋文化节

淄博是蒲松龄故里，"蒲"风悠悠，每年5月初，聊斋文化节期间，无数聊斋迷会集聊斋城，品聊斋、说故事、逛庙会、吃美食，在领略明清民俗文化的同时，也能亲身"走进"聊斋的各个故事里，和仙魔妖鬼一起开一场盛大的爱情"狂欢趴"，乐趣种种，委实一言难喻。

## Zhangqiu
# 亲爱的，快来**章丘**看长城

融融阳光凝了絮语，鲜葩野素潋滟着白云的湖光。漫步在晨昏四季，凝眸在月下花前，广袖霓裳舞不尽莲华的落晖，飘雪的朱家峪，安放的永远都是那一场最盛大的相遇，相遇在百脉泉边，相遇在长城脚下，相遇在远方云雾朦胧下那个名为章丘的地方。

不知道从什么时候起，我们所有人，已习惯用忙碌与等待将生活拗成了一口见不到蓝天的井，蹲在井底，仰首看着灰蒙蒙的天，如诗的远方，自此遥不可及。直到有一天，百脉泉潺潺了朱家峪，白云湖巧遇了赵八洞，我们才终于重拾了跳出井口的冲动。

章丘，位处济南市东，有黄河纵贯北境，四季分明，物产丰饶，是齐文化最古老的源流地之一。千百年来，章丘人不断用有着浓厚地域特色的梆子、扁鼓、五音戏述说着过去的故事，龙山黑陶上镌刻了无数斑斓的神话，旱船桅帆里融入的也是道不尽的风物传说。漫步章丘古城，灰扑扑的旧街上或许不见酒绿灯红，但品着百脉泉酿的酒，吃着周拉扒鸡，听老人讲一讲隐藏在古城背后的地方志，却也别有一番韵味。而这其中，又属齐长城的故事最动人、最凄美、最壮阔，也最缠绵。

## 长城外，危山前

齐长城，是章丘最斑驳的遗迹，也是章丘最生动的旧日符号。

春秋时，为防鲁、卫等邻国犯边，齐桓公广召天下，始修长城，及后一百七十年，在东方强齐、七雄之首雄厚的国力支持下，绵延千里、蜿蜒如龙的齐长城终于露出了那青脊石骨下最铁血的峥嵘。

由西北到东南，这座比秦长城还要早上四百年的千里长城近乎纵贯了山东半岛全境，从平阴县孝里镇沿泰沂山脉一路向东，肥城、莱芜、博山、临朐、沂水、安丘、五莲等地都留下了它最巍峨的身姿与足迹，而这其中，保存最完整、

▲齐长城遗址

规模最盛大、轮廓最清晰的一段，恰恰在章丘。

昔年，齐妇孟姜女因夫君万喜良之死，哭倒了长城半段；于今，章丘长城岭畔，还遗留有孟姜女的祠堂、芳冢及石像，那泪落潸然的倩影，不自觉地为这巍峨壮美的千里长城镶嵌了一抹绕指的柔情。

章丘齐长城，借山为墙，迤逦于险峰层峦之间，登临远眺，烽火台苍古的残垣依稀可见，满山苍翠依旧，夕阳卷住黄昏的发角时，一片橙红间，更颇见气象。踏步寻幽，追着斑驳的古城墙一路向前，三大关之一的锦阳关便已赫然在目。

锦阳关又名通齐关，昔为齐鲁要冲，关畔危峰兀立、悬岩万千，关内垛口交错，透过瞭望孔犹可见翠雾茫茫、烟火万点。关外，杨榆丛聚之处，远可见碧草茵茵的山前平原，在一片青绿里，更有一山拔地而起，格外显眼。那是危山。

海拔仅205米的危山，委实算不得峻拔，但因为环山的不是低矮的丘陵，便是肥沃的平原，危山的"身高"竟一下子惊艳了起来，也难怪那剔透澄清、终年不绝的"圣井"会对它一见钟情。

除了圣井，危山还有一处胜景——汉兵马俑。

危山汉墓内随葬的兵马俑并不多，但每一个都很精致。一号车兵马俑坑，保存尚算完好，陶制的马车、彩绘的陶马皆色彩明艳、栩栩如生，近两百个陶俑更甲胄森森、威武异常，睹物怀古，尤能想见墓主人当年的赫赫威权。二号车马坑很小巧，里面只有一车、二马、七陶俑，陶俑中有五个是女佣俑，俑面部柔和、造型雅致、纹理细腻、衣饰妆容都带着浓浓的汉风，比之那莽莽雄兵，更多了几分女性独有的俏美与柔情。

93

▲ 章丘白云湖

白云湖，湖光潋滟，荷红柳绿，轻风吹过，淡淡的荷香沁入心脾，让人沉醉不知归路。

## 白云香草，百脉流芳

　　长城向左，危山向右，当飒飒秋风涸满路，白云湖畔，悠扬的船歌早把渔火与星光轻轻垂落。

　　白云湖，又名刘郎中坡，北濒黄河、西偎济南，是章丘西北边陲最绝美的一粒明珠。滟滟碧水勾阡连陌，以一种翠风晓雨里张扬的精致将湖面分割成了二十余片。湖畔，绿柳垂碧、晚荷临波，一栋又一栋红瓦白墙的农家小院错落在绵长的湖岸边，风凉云落时，万家渔火点点，别显恬淡；天光晴好时，泛轻舟，穿梭在迷离的港汊间，过蒲苇，越荷塘，就仿佛是逡巡于一片天然的迷宫之中，眼见着芦花深处、水尽无路，长篙一点，荡尽蒲苇，舟头一转，竟又是一片洞天。尤其是夏秋，红荷点点犹若朝霞，月夜泛舟本就怡情，路遇一片"红莲绿海"，漫溯其中，更觉冶趣。及至深秋，团团芦花织成了一片片白色的云朵，泛舟湖中，就仿佛行走云端，妙趣天成。累了，倦了，在迤逦四十里的绿柳浓荫下，品一杯香茗，尝尝白云湖产的大黑鱼、白莲藕、咸鸭蛋，半睡半醒的时候，畅想一下那关于香草园和百脉泉的柔情过往，就愈觉得幸福满满。

　　紫缘香草园，是一处香草主题现代观光园，花香烂漫，美轮美奂。

　　六月芳菲，与其相守无言，倒不如挽着爱人的手去章丘一起相遇一场淡紫色的梦幻。穿过连心桥，跨过乳白的围栏，踏入那漫无边际的薰衣草花田，就好似一瞬间踏入了浪漫。仰首，流云朵朵，阳光快乐地撒着欢儿；转头，向日葵正笑盈盈地为你紫色的爱情镶上一道金边；侧身，一只只等待着蓝天的七彩热气球更

**▲ 章丘百脉泉**

百脉泉畔树影婆娑，花木扶疏；泉中古亭独立，古朴雅致。

在鸢尾草的陪伴下成了那柔柔馨香、漫漫香草最旖旎的底片。

迎着软软的风，漫步花海间，许久，许久，久到满眸的紫色全染成了斑斓，菊花的鹅黄淡粉、玫瑰的红蓝娇艳、芦苇的青青翠翠就在染着湛蓝的教堂穹顶下化成了香草园畔风车与摇篮最美的赞歌。彼时，若能为静立爱舟之上的爱人献上一首最甜美的《水边的阿狄丽娜》，或许，你们的爱情也能得到爱神阿佛洛狄忒的祝愿也说不定。

百脉泉不是香草园的初恋，却是它一生眷眷的红颜。泉不大，不过方塘半亩，却百脉沸腾、浮翠吐珠，跳脱中摇曳着几许天真的野趣；泉畔，竹影婆娑、花木横斜，古亭巍巍，僧舍俨然；不远处，那座以"风、花、雪、月"四韵构景的清照园更燕寝凝香、风致淡雅，徘徊其中，倒真有几分"绿肥红瘦，海棠依旧"的既视感。

## 盛世清歌，莲华总倾城

百脉泉泉声渐远，白云湖浩渺的烟波更在翩舞穹霄后，洒落了莲华山一山的青葱与明秀。

莲华山，位处章丘之南，山势奇巧，若十万芙蓉叠涌天际，壮美雍容，故名莲华。山不甚高，却双溪横波，茂木葱茏间多古寺亭阁，旧为佛教圣境，今日仍香火鼎盛。早春时节，烂漫的黄莺轻啼着桃花的呓语，彼时，伴着嶙峋巨石叠垒而成的石门飞瀑，拾级而上，层层青石雕琢成的"大瓮"中，缕缕清泉已潺潺成了溪畔的红石鲤语，千年青檀焦黑的枝干上那一个、两个、三个嫩绿的枝芽更成了晨曦胜水最可爱的点缀。

胜水禅寺，在莲华山山腰，寺庙不大，朱门青瓦，门镇石狮，三进院落，层次俨然。前院圣水古井，水深七米，澄净清冽，井畔古柏森森、茂木交错、颇见幽静。二进天王殿，古木凌云，殿阁轩丽，棂星雕花、重檐斗拱。殿旁，悬崖千丈、峭壁兀立，迎春花藤随风摇曳，不经意间便漾成了一道绿色的飞瀑。三进大雄宝殿，炉香袅袅，佛像庄严，菩萨罗汉林立左右，华丽盛大。

距禅寺不远，是一片塔林，原有石塔、木塔、砖塔十多座，现仅余四座，其中，又以浩贤禅师身后所见浮屠最为庄严沉厚。塔分七层十三叠，飞檐翘角，层层雕镂，花鸟人物、飞云神兽、璎珞禅杖，尽皆奇美。塔畔，林木丛生，蓊蓊郁郁，每值夏日，阳光总会与茂木展开一场轰轰烈烈的拉锯战，战败了，便不免要去西坡和那些只剩下枯根残藤的黄栌古树发发牢骚。

这些古树，大多都已历千年岁月，虽早已不复苍翠，但那盘结的根系却用各种神秘奇诡的方式演绎出了另一种沉淀了无言的绝美，百态千姿，令人叹为观止。伫立树畔，仰首东望，苍褐中流转着黛青的山壁上那一个立地摩天的巨大"佛"字映着禅寺的红叶，不觉间，竟已将我们所有的想象成全。

## 松荫戏台石，北楼凭风雪

从莲华山的彩色梦幻中苏醒，遥望北楼，长眺松荫，朱家峪那浓得化不开的乡土风情便已扑面而来。

被盛赞为"江北聚落标本"的朱家峪，位处章丘东南，是一座将大明风情凝固在山影檐角间的古村落。村子不算太大，有祠堂、戏楼、古桥、磨坊，有错落的遗迹，灰瓦白墙、重檐花墙，虽略显斑驳，却质朴浑厚，独有几分沧桑之美。站在村中，远望青山隐隐，近看碧水潺潺，文昌阁危阁连云，无字碑刻画着沧桑，登云桥步步登云，礼门外有旭日凌空，北楼纹理丛杂的青石上还能窥见旧日的富丽，戏台的墙石上雕镂着松鹤，黄石洞外，风雪已潋滟了东岭的朝霞。

始建于清光绪年间的朱氏家祠饱经磨难，朱漆的红柱挺立着"七星"，祠中古松、蜡梅与祠外的"百日红"相映成趣。每年6月，魁星楼上拜魁星的日子，"百日红"那在白、黄、红三色间渐变的花朵便成了古村最亮丽的一道风景。

2009年，《闯关东》热映之后，作为主要拍摄地的朱家峪便为更多人熟知，无数人慕名而至，闯关东，忆峥嵘，在葱茏的午后回忆那葱茏的时光也成了老一辈最纯情的向往。而年轻的你我，或许无法和老一辈一样感同身受，但漫步在写满了历史的小路上,于"鸡声茅店月"里,静静地攫取几分独属于"齐鲁第一村"的风情,其实也不错,不是吗?

挥一挥衣袖,将东岭的朝霞甩落,作别朱家峪,九鼎山的夕阳、七星台的午荫、城子崖的晚风、东平陵的白露便早近在眼前。个中唯美,于你我而言,实在难言,于是,那一声再见便再难启齿于花前。

花开半夏里,百脉颂芳菲,绿水长歌的时节,捧一把香草,掬一片松荫,长城外、白云里,邂逅莲华,邂逅章丘,如斯浪漫,又有谁能够拒绝?

▲朱家峪院落

**旅程随行帖**

### 章丘芯子

章丘芯子,是章丘民间一种极富地方特色的艺术表演形式,乡土气浓,观赏性强,造型新颖,糅杂技、舞蹈、秧歌、绸舞等为一体,有转芯子、桌芯子、单杠芯子、车芯子等不同类型。

芯子,源于明,本是民间一种驱邪祈福的仪式,酷肖颤轿。以前,表演形式单一,只是打扮鲜艳的男童女童在用彩布扎起的方桌上跳舞,后来,芯子的表演形式日益多样化,舞台也不再拘泥于桌子,单杠上、手掌间、车上、托盘上皆可。

受表演形式与难度的限制,芯子的表演剧目并不多,最著名的就是获得过民间艺术山花奖的《王小赶脚》和《三打白骨精》,有机会去章丘的话,去看看挺好的,有趣又刺激。

## Changdao
# 长岛，九丈崖前月色悠

九丈崖前，春花将巉岩的欢声烂漫；月亮湾里，夏沙把球石的斑斓张扬；庙岛的秋色点染了烽山林海的妖娆素色，四季轮转，长天碧海，望夫礁仍在骇浪惊涛中将长山尾守望……长岛不大，却清波映晴岚，海日咏朝霞，纯然风景如画。

位处黄渤海交汇处的长岛，古为莱夷之地，秦归黄县，唐属蓬莱，历史悠久，文化烂漫。

作为山东省唯一的海岛县，长岛虽然称不上风华绝代，但那绵长的海岸线、玉落群珠般的岛链及星罗棋布的32座岛屿，却也赋予了它另一番水清沙白、林海烽山的旖旎风情。

长岛地势平缓，岛上多丘陵，滨海小平原更比比皆是，陆域面积虽不广，但8700平方千米的海域却成就了它"海上桃源"的不世美名。每年赶海季，那千帆竞渡、百舸争流的胜景总令人神往不已。

长岛32岛，无岛不奇，无礁不丽，无湾不秀，无水不清，岛岛绮丽，风姿别样。不过，这其中最明媚、最毓秀、最烂漫的，却仍要属月牙湾。

## 九丈崖前月色悠，不见终不散

春水伴秋林，月牙水湾湾，月牙湾，原就是北长山岛最深情的礼赞。

若真的能用一个词来形容它的话，那这个词，或许是甜蜜，或许是斑斓。

月牙湾不阔、不深，也不广，蜿蜒2000米、形若弯月的海岸线却常以墨蓝中染着几抹黛青的海水将群星的倒影斑斓。挽着恋人的手，徐行长滩畔，静聆浪涛的絮语，那澎湃了千年的沧桑却似总掩不住渔船里、孤灯下，满目苍然的老阿公颤颤的低喃。

怀抱碧水，背倚青山，中有石滩蔚然斑斓，月牙湾的天总汹涌着令海黯然的晴蓝，月牙湾的海则常荡漾着让天失色的墨绿，天海之间，无数造型奇绝的礁石如珠玉错落，卷着长风的断崖则怒号着峥嵘，朵朵如太阳花般的彩

色帐篷点染着月牙亭的妩媚，一只只娇憨的海豹则在不经意间将满天的星星滚落成了一滩的斑斓。

球石滩委实是月牙湾最旖旎的一幕风情，漫步其间，就恍若走入了一条万态千姿的彩色长河。一颗颗天然的球石剔透中萦着点点清辉，纵横交错的石纹看似杂乱，却是造化妙笔摹画出的最烂漫的图章，或若新月，或如古松，或似枫叶，或肖山峦……疏斜之间，趣致天成。

夜色渐深，灯火次第，凉风吹散了夕阳的羞涩，星垂梦落，一弯新月袅娜天边，天上月、海中月以及以球石拼接的石中月，相映穹宵，自然清美。若再加上那浪静澄波明镜里、风高翡翠飞玉雪、晴时隽美有渔歌、雨后观澜花落潮的万顷

▼九丈崖

▶ 月牙湾落日

绝色山东，倾城岁月里的水色山青

碧海，纵称绝世，也是应当。

步步踏明珠，足尖生碧潮，捡贝壳、堆沙堡、画爱心、聆鱼跃，倦了，累了，若无意于大海用千万年雕琢而成的万斛珠玑之中安睡，那倒不如去到九丈崖上吹吹海风，或许，还能收获几分意料之外的豪情与惬意。

九丈崖，是北长岛西北角耸峙海疆万余年的一处悬崖，直峰插天，险峻异常。它是海陆相接处最雄壮的礼乐，是浩渺水云间最隽美的清歌。伫立崖上，遥望渤海，水天一色里，逶迤的细浪早用风霜将海岩的棱角磨成了一派天然的巍峨。崖后，那一尊静聆涛声千年的观世音笑语嫣然，凝眸石梯，似是在暗示你我，沿梯而下，迷花倚石间，便能见证那风涌千堆雪、浪打千重岩的浪漫。而当月光如玉和了惊涛，庙岛群岛的风华便已近在眼前。

## 繁花落碧海，隔岸有潮声

庙岛群岛，古名沙门岛，又名长岛，岛链内，大小岛屿如玉，错落碧海艳阳之间，构架出了海湾、山峦、滩涂、礁石，绮秀别样；除南北长山岛，车由岛、黑岩岛、海上石林、天后宫亦张扬着不一样的风华与瑰丽。

车由岛，是庙岛的地标，也是碧海长空下最旖旎的一张彩色名片。

岛不大，或者说非常小，茕茕孑立的岩石用灰褐色的岩壁书写着"枯藤、老树、昏鸦"的苍凉，每年5月，成千上万只海鸥群集岛上，水天之间，那一片鲜活的白便成了最炫目的风景，以至我们宁可画地为牢将自己圈禁，也要和这些或交颈而歌，或引吭蓝天，或慵懒地晒着翅膀，或调皮地挑衅阳光的海上精灵共享一场海风徐徐中的绝世盛宴。只不过，有些时候，盛宴尚未开张，那翱翔于绿洲白浪间的娇客便已因远方的大黑山而心惊胆战、惶恐难安。

大黑山不是山，是岛，位处庙岛群岛西端，面积不算小，却地广人稀，氤氲着海藻腥香的渔家小院在褐黄的岩石之上鳞次栉比，巉岩千叠，涛声如雷，夜半轰鸣，常令人彻夜难寐。及至盛夏，成千上万条蝮蛇欢聚岩洞礁石之上，一个不留神，便在这风光明秀的海涛上上演了一出现实版的"狂蟒之灾"。

大黑山岛北，还有一座由五座绝壁交织而成的龙爪山，山不高，但巨石深秀，远望雄浑别样，近观更似千叠万错、唯美异常。山下，有绿水环绕，一桥飞

架，九级八角龙爪塔，通体莹白，巧致玲珑，塔前黄桷树枝干虬结如龙爪，更别见几分峥嵘。

登临龙爪塔顶，举目四望，小若铆钉的猴矶岛上，灯塔的长辉刺破迷雾，仍指引着迷途的航船；被誉为海上珠穆朗玛的高山岛绝壁欲倾、奇峰凌云，尝以"险、秀、峻、幽"独秀黄海之滨；千百年来，高山不倒，钓鱼不倾，方圆0.16平方千米的钓鱼岛（又名挡浪岛）一直都在用它的倔强守望着那横纹环绕、裂隙层叠、形若浮屠的宝塔礁，虽沧海易、桑田覆，此心犹似海上石林矢志不移。石林畔，庙岛上，始建于宋徽宗宣和四年（1122）的显应宫更以歇山重檐、彩绘雕梁应验着海神的雍容，那铜铸镀金的天后圣母像更不知道承载了长岛渔人多少祈望，彰显了南岛林海几多婉转……

## 长山水尾连天阙，林海处处礁

南长山岛位处长岛县南，海岸线绵长，为鲁南第一岛。岛上翠林如海、山石叠秀、植被繁茂。百花深处虽不见流泉，却也有海漩平波、千蚀百转，别显

▲ 长岛望夫礁

苍美。融融日光下，铺展着一崖红叶、遍野青波的林海烽山更独得了几分造化妖娆。

林海烽山森林公园，依山而建，凭海而兴，以松涛千亩、林海葱郁、海阔天空、天涯望尽而著称，遍寻长岛，也找不到任何一个地方能比林海烽山更清幽、更冶逸、更玄奇。

漫步林中，扑面的彩蝶、唧啾的百鸟总会在不经意间成为原始山林最美丽的注脚；八卦台上，遥望海日，栖霞采气之余，也觉水天浑融、海天宕阔。崖上石亭，翘角拂云，登亭俯瞰，海市蜃楼就成了天涯咫尺处最美的幻梦。沿山径迤逦而下，长长的环海栈道轻而易举地就将鸳鸯石畔的碧海烽山切割成了迥然而异的两面，碧波珊瑚秀、烽山雨雾新，水色山光，俨然如画。

烽山是南岛的至高峰，流泉映石头，长林叠翠，山巅有烽火台，次峰有鸟展馆，展馆前，那只高8.5米、重16.5吨的"雄鹰"啸傲云天。展馆内，包括蜂鹰、黄鹂、沙百灵、燕雀、金雕、白鹳、海鸥鹬、黄嘴白鹭等在内的各种各样的鸟类标本更能顷刻之间令你我目眩神迷。秋日，玉滩飞雪的时候，山巅崖畔，还会有许多长途迁徙的候鸟栖息，鸟语呢喃，亦真亦幻，置身其间，就仿佛坠入了一场彩羽编织的真实幻梦里。

待梦醒，转身海天梯，拾369级石阶悠悠而上，登临千重崖，举目而眺，长山尾自一览无余。

长山尾，顾名思义，是一条尾状的玉色卵石长滩，滩横登州，长分海峡，由阔而尖，飘然之间便已将万顷碧海划分为泾渭分明的两个世界。滩东，一望浩渺、沙鸥长鸣；滩西，水光澄净、水藻密布。长滩一线，则急湍流云、飞流似剑，一个又一个漩涡飞雪吐浪、漫卷清波，风华别样。若有舟船由东向西途经此地，更能察觉出明显的颠簸，就好像长滩东西永远都存在一级的落差，千年不易。及至黄海向西、渤海向东，云涌薄雾，浪湍飞舟，一条反"S"形的水线赫然入目，水线两侧，一深蓝，一明黄，波涛滚滚，迥然而明秀，堪为一时奇观。

约会过长山尾后，若有闲暇，还可以与望夫礁来一场热恋。

望夫礁，位处南岛之北，邻玉石街，北望北岛，石头很大，无丝毫斧凿痕迹，本为岩石叠压而成。夕阳西下时，远望礁石，就仿佛一个头裹围巾、怀抱婴儿的少妇正在痴痴地等待郎君归来，望夫之名，由此而来。礁石侧畔，有素练分波，有绝壁桃源，有怀古烽台，亦有一口古朴唐井错落海底，风光好不旖旎。

作别南岛，倘仍舍不掉那碧海白涛、月牙石影，去看看秦皇汉武曾觅药求仙的仙境源，去看看美丽宁静的鸥翅湾，去走走九丈崖前仙人桥，抑或，撒丫子跑到彩石回廊去疯狂拍照，其实，也都还不错。

清波映流岚，海日咏朝霞，旖旎的长岛旖旎的诗，月牙湾畔，烽山林海，不一样的纤秀，不一样的纯美，高歌的却是同一首倾城之恋。由是这般，又何必踟蹰？长歌水尾，望断黑山，尽情挥洒，尽情邂逅，便挺好。

### 旅程随行帖

#### 岛游知多少

长岛水清沙白，是北国难得的风情旖旎之地，但有时也风急浪湍、潮汐猛烈，是以，邂逅长岛，应该注意：

1. 长岛四面环水，船是唯一的交通工具，大风大雨天，船只一般不会出海，所以，出行前一定要看好天气预报。

2. 九丈崖壁立千仞、山路崎岖、十分险峻，崖上览胜，建议穿舒适的沙滩鞋、旅游鞋，杜绝高跟鞋。

3. 长岛观日出，最佳地点有二，一为北长山岛月牙湾，二为南长山岛的望夫礁；若钟情于日落，那九丈崖、林海高峰则绝不可错过。

## *Laiwu*
# 莱芜，鹏山雪野桃花红

鹏山一直都有一个愿望，在夕阳把雪野融化之前，与心爱的棋山一起振翼在大汶河畔的桃林里，唱一首三生三世也不会忘怀的歌；可当苍龙峡气势汹汹地杀来，雷鸣星现、二洞连云，它的翅膀却折在了秋风里，再也飞不起，只有那满翅的金羽悄然零落，零落成了莱芜的十里芳菲、处处迷情。

莱芜，位处泰山之东、徂徕之南，为鲁中名城、钢铁旧都，现归济南管辖，古为嬴、牟所属，地势险要，扼北地咽喉，自古便是兵家必争之地，战事频仍。春秋时著名的"长勺之战"便发生于此。

虽为钢城，莱芜的气质里却少有金属色的沉重，纵横交错的水脉、连绵不绝的山峦在与广阔无垠的平原沃野相撞之后，撞出的不是金戈铁马，而是另一番花香馥郁、秀色翩然。茶业口樱桃常红，九龙谷彩叶秋风，云台山山高林密，笔架山玲珑小巧，吕祖泉泉声流霞，鹏山的云海秋色更得天独厚。

## 金鹏傲天处，夕阳照远樵

莱芜是一个仙姿盛大的古城，鹏山则是古城最仙姿缥缈的地方。

鹏山是莱芜十大名山之首，位处莱芜城东、牟汶河之阳，相传，曾有金翅大鹏栖息于此，周王访而惊见，故以鹏为名。

或许是大鹏的金翅太过沉重，大鹏沉睡了千年，鹏山被压低了万丈，所以，现在的鹏山，海拔仅有368米。山虽不高，却极缥缈，尤其是初晨时分，山雾绕霞、烟岚凝露的时候，点点翠色在波澜壮阔的云海里若隐若现，天之蓝、云之白、山之青、岩之黄、霞之橙红交杂，委实气象万千。若深秋时节云雨将来，灌草丛里，岩缝山隙，常会有一缕缕白烟悠悠腾起，却不带任何的烟火气息。因为，那不是炊烟，而是水汽，是鹏山百十山泉最隆重的深秋祭礼。

待雨落纷纷，铅云西来，叮咚的泉水也会忙里偷闲来一场大聚会，聚会的地点或在山间纵横勾连的岩洞里，或在蓊郁葱茏的草木间，或在张扬着岁月的山石里，不一而足。聚得多了，感情自然便坐着火箭般迅速升温，以至"你的便是我

**▲莱芜群山环抱**
清晨，漫天的云雾在莱芜的青山间缭绕，好似白色的丝带在飞扬，山也变得妩媚灵动。

的，我的还是我的"这种事屡见不鲜。不信的话，你可以随意找一眼山泉，撒些东西在里面，或是彩珠，或是树叶，然后，你会发现，这些小东西，不知道怎么的就来了一场乾坤大挪移，竟从相邻的另一口泉眼，或者相去颇远的某一条清溪里欢快地冒了出来，彼时，你定会看得瞠目结舌。

当然了，在莱芜，最神奇的永远都不是远道而来的你，也不是最本土、最妖娆的鹏山，而是那遥遥南天之外的莲花山。

莲花山，原名新甫山，又名宫山，山俏水美，风光旖旎。主峰犁铧尖为群峰环抱，状若青莲，淡雅明秀。山巅云雾缭绕，仿似南海，虽无紫竹林，却有一尊素衣"观音"静立其上。雨后的黄昏，落照融融，流彩飞霞，漫步山巅，在云水相接的地方，偶然也能见到"环映重楼、虹掩海市"的盛景。一个浑圆斑斓、直径达五六米的七色彩虹环恍若凭空而现。环中，山峦层叠、楼台轩阔、小桥流水、碧树繁花、秋千院落、彩叶流泉，风光独好，人影依稀，似实非实，似幻非幻，非海市，有蜃楼，瑰丽迷奇，造化绝丽。遥忆昔年，登山访道的汉武帝或许正是见了这幅"只应天上有"的盛景，才更坚定了那求仙访道、寻药长生之心吧。

·绝色山东，倾城岁月里的水色山青·

出"南海"，循"登天梯"一路向下，天门飞瀑，碎玉叠珠；冻台冰瀑，万丝垂雪，冰映银河、吞云吐雾；白云岭白岩如雪；红石湾十里赤红；悬空寺畔、龙王庙里，枝缠叶绕的古树一直在聆听着山花的故事。

## 雪落琼枝立，峡色叹湖光

在彩树繁花、满目浓荫中潜游良久，夕阳映红了双颊，乱云迷离了眸底，彼时，到雪野去看看垂挂在琼枝上的初雪与彩虹，却也不错。

雪野是以雪野镇、雪野湖为核心的一片滨湖度假休闲胜地，走进雪野，就仿佛坠入了一片用各种色彩与景致拼接而成的桃花源。

桃花源里，最出彩的是农博园，最烂漫的是"三峡"，最纯美的是雪野湖，最好玩的则是蓝湾。

农博园嘛，名字挺接地气，内里也挺神奇：汤汤"黄"河水流转着"亚马孙"最原始的热带风情；青青沃野畔，无数长在面包树上的小孩子或锄草或插秧，眼里浸着汗水，唇边却全是甜笑；古朴拙秀的"渔村"里，"渔民"们一边拾掇着牡蛎，一边谈论着"植物大观园"的千姿百态、花红柳绿；村畔的"野地"里，一群黑山羊悠闲地啃着青草，锻炼出了八块腹肌的莱芜大黑猪则懒懒地晒着太阳，身畔，鸭鸣鸡吼、白鹅高歌，好不热闹。

"三峡"在雪野邢家峪，面积不大，植被覆盖率却高达80%。峡内，不见"白浪横江起，万仞连干峰"，却也峡深壑幽、木茂水澄，春有朝云潆翠色，秋有暮雨尽晴空。飞禽无数，走兽千般，聚了数百燕子的燕子崖更匠心独运、别见风致。青龙峡是"三峡"中最长的，峡内苍翠，龙潭碧水，水畔还有一对情侣石，惟妙惟肖，相思缠绵；乌龙峡里，怪石遍布，各种颜色、各种造型的石头无须多言就已将造化的神奇展现；老龙峡花木最繁、宽约60米的瀑布矫若云龙、湍流吐雾；天绿湖是"高峡出平湖"的典型，湖光浩渺、连天摩

◀ "三峡"里的燕子

106

▲雪野湖日出

云，逶迤着青山连绵，空溟奇秀，伴湖畔栌叶杨花，愈见雍容。

相较于九曲十八弯、瑰丽险秀的"三峡"，水域辽阔、万顷碧波间岛屿星罗的雪野湖则显得柔美许多。春夏之交，花开烂漫的时节，无论是驾白帆与百舸争流，携佳客共立在舟头，还是披蓑衣垂钓湖光里，踩白沙竞逐阳光下，都是蛮不错的选择。

蓝湾欢乐岛，就在雪野湖南岸，岸迤水色，有七彩栈桥连绵，洋溢着浓郁玛雅风情的水寨里常能见到"先民"把臂同游，蒲扇大的芭蕉叶下"占卜师"貌似是在仰望星空，眼角的余光却从未离开过那袅袅升空的热气球和世纪飞碟。坐着热气球，与彩霞零距离的亲密拥抱后，撒欢金沙滩，和朋友一起去骑骑水上自行车，一路冲关，劈风斩浪，也是一件极浪漫的事。

## 星现水晴幽，雷鸣石料峭

从独属于雪野的无瑕中走出，到吐丝口吃两根香肠，之后，到龙潭去猎猎

▲ 桃花林

奇、探探险，倒也是个不错的选择。

　　龙潭，位处莱芜西北的照壁山中，山高百丈，群峰插天，潭深不测，水澈波清，树影山光、藻影苻踪、摇曳扶疏，恍若九龙嬉戏，龙潭之名，也由此而来。纵便盛夏，龙潭之畔，仍树对冷月、百草凌寒，高高如照壁般的山崖遮住了融融天光，静坐崖下，仰望穹苍，哪怕是大日当空，万里无云，却仍难见一丝艳阳，反倒是粼粼的潭水中，星光璀璨，似乎漫天的繁星全都坠入了水中，在人间交织出了另一片星空。日星同耀，盛景横空，蔚为壮观，也难怪苍龙峡里那隐逸了千年的"苍龙"竟忍不住击节三叹，咆哮声声若雷鸣。

　　苍龙峡，在高庄镇，峡谷幽深，怪石嶙峋，两侧峭峰如刀，谷内雪瀑错落，崖上有名人石刻无数，峡内有溶洞阔大、巨岩如龙。每逢雨落瓢泼，龙映深水，影随波兴，湍急的水花激荡着烟波，瀑布飞流，雪浪滔滔，轰然直下，竟似惊雷远震、苍龙弄潮，声扬数里，奇妙非常。

## 霞峰桃花红，汶水自向西

　　若有可能，真希望能在雷鸣声中与苍龙一起共舞到永恒，但霞峰的桃花又委实太诱人，由是，为了那一片黯淡了朝霞的红，纵便不舍，也唯有顺着大汶河一路向西。

一半山水一半红，在3月春风里灼灼了一冬芳华的桃花，从来都是天边最绚美的那一道虹。每年3~4月，桃花盛放的时候，爱花、惜花的旅友们便会聚集莱芜，沿沙岭子—茄子峪—黄花峪—霞峰村一线，开启一段唯美的寻芳探蜜之旅。

莱芜多山，桃花林随山峦起伏跌宕，满树和娇，深红烂漫，万枝丹彩，灼灼春融，为了酬东风、答醉蝶，妖娆的桃瓣不待细叶舒展，就已绽放了一天的明媚。蜿蜒的桃林，仿似微微舞动的红色飘带，迤逦山间，人面桃花，绯红相映，别见烂漫。山随平野，影落汶河，十里红涛伴彩霞，更觉无限妖娆。

汶河与桃林，没有宿世的良缘，但千百年来却始终相偎相伴。

汶河四季皆美，姿态万千，但最美却仍在春日，尤其是桃花盛放的日子，汶河涓涓的清流就仿佛是桃花那垂落了天青的翠叶，深情眷眷地守望着那一枝又一枝的桃红，那一山又一山的浪漫，待花落时，方在夕阳的余晖里，携两岸峥嵘草木，独辟蹊径，滔滔西去。那种壮阔、那份潇洒，在河流滚滚尽向东的大潮流下委实难以言喻。

唐诺说："所谓最好的时光，是指一种不再回返的幸福之感，不是因为它美好无匹从而我们眷恋不已，而是倒过来，正因为它永恒失落了，我们于是只能用怀念来召唤它，它也因此才成为美好无匹。"

莱芜是不是一个让人尚未离开就已怀念的地方呢？或许是，或许不是，但无论如何，在桃花烂漫的日子里，走进莱芜，走进鹏山、雪野湖，毫不犹豫地来一场幸福的冒险，却是一件美好的事情，不是吗？

### 旅程随行帖

#### 舌尖上的莱芜

莱芜舌尖上有三绝：莱芜香肠、棋山炒鸡、陈楼糖瓜。

莱芜香肠，又名南肠，是莱芜古城吐丝口的特产，名闻山东，闻名全国。尤其是百年老字号顺香斋的南肠，清口美味，醇香耐嚼。

棋山炒鸡，以当地土鸡用土灶小火慢炖而成，喷香的鸡肉配上粉皮、芹菜、松蕊，红中点绿，绿中萦白，不仅好看，而且特别好吃。

陈楼糖瓜，是一种黄米做成的糖，花色很多，状若瓜形，原为莱芜人祭灶时的祭品，现在这种甜甜黏黏的糖果已经成了莱芜人的最爱。

## Zaozhuang
# 君山望海，**枣庄**多奇秀

　　君山奇秀，滔滔黄海绽放着抱犊崮的雍容；台儿庄前，烽火硝烟点染了榴园；青檀寺的佛香中总有三清银杏的甜美翻腾；仙坛镇里，袅袅水汽却早将运河的云波朦胧……枣庄有一种奇秀令人无限眷恋，毋庸置疑！

　　位处沂蒙山侧、微山湖东的枣庄，从来都是一个传奇的地方。

　　枣庄不大，但碧波红荷、百里芦荡的微山湖与腾彩跃金、峻拔倾城的抱犊崮却赋予了它另一种别出心裁的澄澈与毓秀。数条长河如玉带错落于层峦黛翠之间，浪花如雪，淙淙有声，绿洲白浪里辗转的自是天成的优雅与雍容。

　　冬雨熊耳，榴花飘红，曾是兰陵故地、滕国旧疆的枣庄，声名虽非远播，物产却极为丰饶。长红大枣、枣庄石榴、微山湖鸭蛋、山亭冬桃声名远扬，鲁南花鼓、渔灯秧歌、柳琴戏、伏里土陶等更冠绝鲁南，享誉一方。

　　受古地壳运动的影响，枣庄的地形颇为复杂，东北高，西南低，莲青

▼熊耳山风光

▲ 枣庄天下第一崮——抱犊崮

山、龟山、熊耳山峰峦起伏，微山湖、大运河水波滔滔，山连水尾，水映青山，俨然又是一番风趣。

## 熊耳谷裂显玄奇，君山望海抱犊秀

约上碧海，邀上蓝天，撷一抹最醇和的阳光，邂逅枣庄，无论是谁，都难免被抱犊崮惊艳。

抱犊崮为"鲁南七十二崮"之首，位处枣庄市山亭区东南，青葱秀美，旧名楼山、仙台山、君山，山形巍峨典丽，如君子端坐，后因有"王老汉抱犊耕其上"，更名为抱犊崮。

崮不高，却极广，面积600余公顷。巍峨沧海见泉流，柏苍松郁颂红叶，烂漫别样。山麓巢云观畔，修竹如海，翠色连绵，撒满碎石的荆棘小路蜿蜒的不过是巢云洞的云海扬波和清华寺的暮鼓声声、晨光辗转。倚着观外略显斑驳的石墙，捡一片厚壳树的落叶，执笔抒胸臆，用石笔将相思镌刻在分明的叶脉之间，然后对月祈愿，将满载着浓情的叶片寄给心爱的人，无疑是一件极浪漫的事。

镌青玉，述流云，踩着略萦泥土的小径，一路向上，"民国第一案"纪念碑巍巍独立于青阶侧畔，松涛泉声外，更有会仙亭重映着千年银杏的盼望。杏树浓

111

荫里，一方高逾20米的钟乳石不期然间已将水帘洞的飞瀑迷离；石下洞中，水声叮咚，飞花碎玉，盛夏夜空澄碧的日子，如水的月光静静地洒落飞瀑之上，月光若流水，流水映月光，恍惚之间，更有袅袅水汽激荡着洞中的云雾，泉声泻月，繁星浸云，委实美不胜收。

眸光流连，深情延揽，漫过北岸枫红若火、色彩斑斓，南岸杂树横生、枝叶黯淡的阴阳界，穿过一线蓝天隐现的试剑峡，绕过红岩巨石间威武不凡的"十八罗汉"，登天梯，走天台，当一指峰透云而出，绝壁绕青萝的"望海石"便已近在眼前。

登临望海石，极目东眺，黄海墨蓝色的海涛就仿佛微风中袅袅舞动的绸带，映着春花，萦着彩虹，赫然入目。若时光不协，海涛难望，其实也没关系，抱犊的风光，原非望海独好。雨后晨曦、苍凉日暮、壮阔云海、烂漫繁花、悠悠碧树、溶瀑流泉，等等，百态千奇，应有尽有。伫立崮顶，尽览"方台平宿泰山云"，俯瞰"乱花渐欲迷人眼"，仰观"青冥重峦沧海日"，遥望"牛鼻熊耳双龙裂"，亦是一种乐趣。

熊耳山位处枣庄北偏东8000米处，邻抱犊崮，山势连绵，沟壑纵横，因主峰酷肖熊耳而得名，是鲁南最典型的低山崮形地貌景观。山内，错落丛聚着不少溶洞，色彩斑斓、形态各异的钟乳石常能唤醒我们被生活禁锢的想象力，长约千米、深约50米、沉淀了5亿年荒莽与奇秀的双龙大裂谷更用它纵横交错的巉岩奇峰为我们编织了一幅凝固在溶光石影、西迦河风中的茵茵秀色。

## 运河古城畔，眷眷追思里

台儿庄古城，是枣庄的地标，昔日，也是鲁南摇曳着黄沙烽火之地。

1938年，在第五战区总司令李宗仁的率领下，中国军队与敌鏖战一月，歼灭日寇两个精锐师团，用鲜血书写了一曲震惊世界的战歌，台儿庄这个名不见经传的地方也由此成为史书中浓墨重彩的一笔。

岁月如流，烽火辗转，昔日的古城已化残垣，今日新城不过重建，但漫步其间，却仍能感受到那绵延了数百年的北国古韵与风烟里洗不去的水乡柔情。

运河潺潺，映着点点碎金，在一片葳郁的青绿间将静谧的深巷错落；白墙黛瓦、洋溢着徽派风情的"大夫第"亦携手夕阳，一起把婉转着门外楼头、秋月春风的"兰婷书寓"点缀；躺在运河悠悠的画舫上，听一段柳琴，唱一曲大鼓，是老城人的最爱；以灯火述说着阑珊的各色民宿则是品味台儿庄之夜最好的去处，深秋时节，红玉般的枫叶沐着艳阳，山花水影里，夜色被叶色斑斓，个中曼丽，

台儿庄古城

委实一言难喻。

挑着担、摇着拨浪鼓、披着露珠的货郎向来都是古城最别致的韵律，一丛丛、一串串、红艳艳、甜丝丝的冰糖葫芦则一直都是站在青春脊梁骨上的我们最渴望的风景。古城很大，自带"路痴"属性的我们常会迷失在那错落的街巷之中，但这其实也无妨，有的时候，不经意间的错步，反而能遇到意想不到的惊喜。譬如，一家卖辣子鸡的小店、一座复古的石碑、一个爬满了紫藤的幽静小院、一只慵懒地晒着日光的大花猫、一套皮影、一段斑斓了岁月的古墙、一栋突兀的天主教堂、一座充满了怀旧色调的火车站，或者，一座战争纪念馆。

台儿庄大战纪念馆，位于古城西南，濒运河，与旧火车站隔河相对。纪念馆陈列着数以千计的战争文物，书画馆中更典藏着无数珍贵的画作，这些画作，并非皆出自名家，有的只不过就是战士们的涂鸦，但透过那简单粗犷的线条，却不难想象曾经那段硝烟弥漫的岁月；而那一尊尊残炮、一把把旧枪、一件件染血的军装，则是昔日峥嵘最壮烈的见证。

## 青檀秋意浓，仙坛翠色深

烽火红流书写的烂漫尚萦于胸际，双脚却已迫不及待地迈出古城，将另一番翠色与榴香邂逅。

始建于西汉年间的冠世榴园，2000多年来，一直在峄城之西用12万亩的橙红描摹着鲁南无尽的风情。5月，石榴花盛放的季节，40余万株榴树割裂晴岚，将朝霞的色彩淡染，如海如潮的红，绚烂了碧空，更将叶叶深翠镶嵌。

113

**台儿庄美丽的夜色**

夜晚的台儿庄古韵悠然，运河潺潺，映着两岸的古楼与霓虹，流转着北国风烟里独有的水乡柔情。

榴花深处，长歌向东，一处处古迹缩影的恰是鲁南的文化烂漫，一望亭飞檐翘角，园中园巧致琳琅，仙人洞幽邃觅幽，匡衡祠古树叠云，然而，一切的一切，都抵不过一座青檀寺，一处蝴蝶翩，钟声禅唱，月明秋深。千里梦惊回，松树老，人声默，檀歌叶语，却不知弦断有谁听。

寺庙不大，清幽僻静，庙内有银杏，雌雄合抱，栉风沐雨千年；树下有一泉，终年不枯，水极清冽；庙后有一楼，金界生辉、画栋雕梁；楼北蝴蝶谷，每值春夏，都有蝴蝶成对而舞，彩翅翩跹间，演绎着一曲又一曲的浪漫。但山花独笑，月影徘徊，却不知道这浪漫是为榴花、晚照，是为秋日高天、火枫黄杏中最浓重的那一丛青檀之绿，还是为咫尺之外的仙坛。

仙坛是枣庄最纯美的一道霓虹，山不高，却形如华盖、端丽净秀，晨曦初露时，遥望仙坛，满山绿云，遍野翡翠，朝晖云岚，如烟如黛，熠熠生光，佳木丛簇里，更有温泉数十眼，袅袅水雾，蒸腾着甜蜜，晴空朗月时，依偎着爱人远眺繁星、近观泉林，生命中所有的美好便仿佛化作了露珠万点，在这一刻，纷纷洒下，铺展，融入，化开，烂漫……

枣庄好大，也好小，纵便抱犊崮的深秀不再，纵便台儿庄的沧桑与青檀寺的秋意一起化作流岚，以"一湖一岛一翠峰"冠绝鲁南的东湖、"芦雪鹭塘深，蛙鸣荷荫下"的运河湿地公园、以"神鳌出水"而笑傲的龟山，也能赋予你另一种明媚与风情。

其实，说来说去，邂逅枣庄，在君山的翠色里，长拥黄海，共拥高天，享一场清丽的山水盛宴，原便是一种"最美好"，不是吗？

## 旅程随行帖

### 古城"注意"多

枣庄是一座古城，山水旖旎，文化馨香，与它相遇，自然美好，但要想长留这份美好，还需注意：

1. 枣庄地处鲁南，一派北国风光，邂逅它，夏秋季最佳，春冬次之。
2. 台儿庄古城有门禁，除了在城中住宿的游客，其余人若是出了古城，想要再进去，需要重新购票。
3. 枣庄境内，只有冠世榴园中有青檀树生长。榴花开在夏季，石榴熟于仲秋，景致都很美，采摘之乐也融融，不过榴园非常大，去的游客最好事先规划好行程并蓄足体力。

# 专题

## 牧歌咏田园：今生必去的山东小镇

错梦山间，韶华终难轻负；竹园水话，最静美不过流年。

邂逅山东，走马观花两三日，匆匆忙忙，赶海不看山，观花难望岳，有相遇便有错过，有留恋便有擦肩。若错过的只是随处可见的柳淡烟浓、落花红叶，有遗憾，也不过晃眼。若错过了大山东太多独有风情的芳菲之地，如湖滨镇，如辛店镇，如丰城镇，如兰陵镇，如坊茨小镇，却未免终生抱憾。

### 芳草衍百态，乡愁证情浓：湖滨镇·辛店镇

山东有不少旅游小镇，或风光秀美，或历史沧桑，或风俗烂漫……风情各旖旎，韵味自不同，但若说最清丽、最文艺，数来数去，却还是要属湖滨。

湖滨镇，是山东省博兴县辖下的一座山水小镇，镇子不大，却处处都洋溢着一种难言的精致。

春莺拂动岸边柳时，麻大湖潋滟的水波其实早已将湖滨的倩影倒映了千百回，但在这里，采莲弄舟、捕鱼捉蟹，在青青的水草中唱一首情歌从来都不是人们的向往，人们，最向往的永远都是那摇曳着暖阳的蒲苇与绿草。

湖滨，是博兴草编的发源地，或许，不是很起眼，但却真的很文艺，走进这里，那不知道多少次引你我遐思童年的狗尾巴草早成捆成捆地晒起了浪漫，麦秸草、红麻草、玉米片、三棱草也在不知不觉间用一种匪夷所思的方式为我们勾勒出了一幅幅最纯然的风致。

漫步湖滨街头，无论何时，总有一缕青草的芬芳萦绕鼻尖，在这里，椅子是草

做的，桌子是草编的，茶垫、果盒、吊篮、地毯等，也全都是青草最瑰丽的创造。或许，你原无意邂逅惊喜，但那不经意间瞥到的一支点缀着草花的发卡、一个活灵活现的草编玩偶，就能让你瞬间幸福满满。

转身湖滨，草色青青，流动的彩霞里，似还有童话在飘扬，然而，童话终究未满，于是，悠扬着唯美乡村秀色的辛店便成了很多人寻求治愈的天堂。

辛店在山东禹城，是个极富古风的小镇。镇上，桃李烂漫，岸柳成行，绿水绕蹊，廊亭错落，一座座白墙黛瓦、凝碧氤红的农庄迤逦其间，野趣天然。

游人至此，伴东风，望鱼跃蝶飞，原就悠然惬意，若在饱览田园胜景的同时，还能走进乡村那微微带着几许斑驳色彩的记忆中，看看那古老的纺车、织布机、梳妆台、留声机、放映机，睹物而怀思，更是再好不过。

另外，除了乡村记忆馆，辛店其实还有不少好去处，譬如范庄村驻留了无数"乡愁"的小桥、流水、老树、磨坊；王寨村洋溢着孝廉风情的步云桥、祠堂、孝廉碑等。

## 巍巍雄崖所，兰陵笑笑生：丰城镇·兰陵镇

作别辛店，眸中尚有乡愁与古韵氤氲，然而，当那一抹独属于丰城的苍莽自山巅海

角升腾而起，不论是谁，满心满眼，念念的总无外雄崖所。

丰城雄崖所，是青岛境内唯一一座真正意义上的古城，城是明代古城，四四方方，有四门四楼，原为明代鳌山卫的千户所，后历沉浮，衍为一方村落。

数百年风雨的剥蚀后，雄崖所的楼城墙垛均已残缺斑驳，唯西门拱券尚算完好，东南城墙还有些残基留存。城内，仅一层的天主教堂兼容东西风物；以拼接为"互"字的石条为"盛妆"的百年古井还在用冰凉的水流淌着寂寞；玉皇山巅，雕砖立脊、陶瓦密檐的玉皇庙依旧威凌丁字湾。远远望去，雄城迤逦，黛恋碧波，竟是胜景天然、沧桑别样。

品过苍凉的人，才知悠然花间是何等浪漫，离开丰城雄崖所，纵心有千千结，在与兰陵相遇后，亦不觉之间，便陷入了兰陵的缱绻之中。

兰陵镇，在山东省南端，隶苍山县，为齐鲁三大名镇之一，因镇西温陵下尝有兰花竞相盛放，是以名兰陵。《金瓶梅》的作者，明代奇人兰陵笑笑生便出生于此。

兰陵历史悠久，遗留了不少古迹，荀子墓、仓颉造字处、二疏散金、金山汉墓、于官庄北辛文化遗址等，都颇值得一观。另外，兰陵还有始酿于商、馥郁逾三千年的兰陵酒，酒色金黄、醇香远达、清冽异常，李白尝盛赞它是"玉碗盛来琥珀光"，有机会邂逅兰陵，一定要去尝尝。当然，若品酒时，还能有兰陵独树一帜的猴呱嗒鞭舞助兴，那便再好不过了。

## 百年沧桑过，何处不从容：坊茨小镇

撷一缕晴岚，和兰陵静道别离，转身前行，因煤而兴、因煤而衰、包裹了太多沧桑与无言的坊茨小镇便已近在眼前。

坊茨小镇，是潍坊最早的工业小镇，也是中国近代工业的滥觞之一，不见山清水秀，唯有异国风情。

它原是一座"德国小镇"，面积约2平方千米的镇子上，错落分布着许许多多充满德国与日本风情的建筑，有水塔，有钟楼，有教堂，有领事馆，有司令部，有医院，有银行，雕花彩刻，典丽而庄重。

漫步镇上，街头巷尾常可见一座又一座零落的炭矿遗迹，矿井、巷道不一而足，点点迷离的黑金点染着长长的胶济线，一路蜿蜒向前，向前……前方，是繁花，是绿树，是红瓦黄墙的坊子车站，是2000余各具风情的民国建筑……

脚步无须匆匆，每一个转角，记录的全都是从容。阳光微醺的日子，静静地走在略有些斑驳的小路上，周遭少见行人，没有扰攘，唯有叶子与蝴蝶的欢歌偶尔落入耳畔，所谓岁月静好，大抵便是如此吧。

一生一花开，转眼慕徘徊，春秋过眼，总有一些地方不容错过，亦不能错过。

当彩云漫天、春风拂柳，漫步小镇，看蒲草如丝，赏落日雄城，笑语呢喃，自浪漫无限。由是，亲爱的你，还有什么可迟疑的呢？

来山东吧！当细雨卷落了倾城，透过那用草编织的世界，你看清的，或许才真是远方最美的诗意……

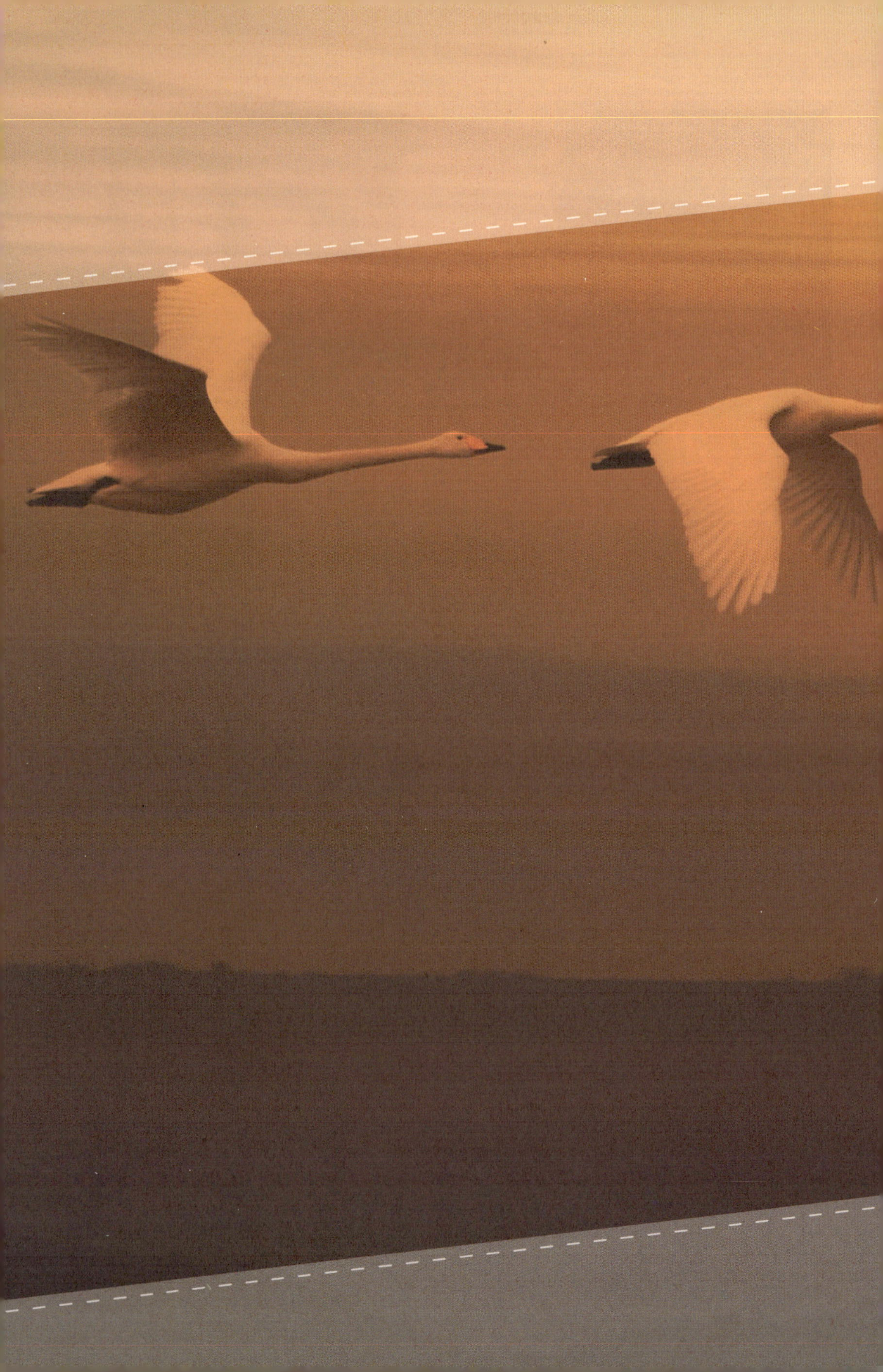

Chapter 4

眷眷山东，回眸一望已倾城

## 决战**东营**，黄河口 VS 天鹅湖

*Dongying*

相爱或只在一瞬，相守却可直越千年，那个芦花飞雪的日子，一个不经意，黄河口的夕阳便与仙河镇的怪柳相逢在花间，没有海誓山盟，只有一见钟情。原以为，此生从此无憾，却不想，那一年，天鹅湖的清波却惊艳了小镇的霓虹，别说薄情，莫道辜负，彼时彼地，黄河口与天鹅湖唯一的选择便是决战在东营！

不知何时起，那河海交汇的三角洲畔，一座以芦花之雪与翰墨之幽编织的古城已拔地巍然。2000余年的岁月，没有磨灭它的倾城，反为它平添了几许最宁静的无言。

东营，是一座历史悠久的古城，亦是一座因石油与钢铁而崛起的新城，得天独厚的地理位置铸就了它的水语山光，独一无二的资源优势成全了它的物阜民丰。黄河口蜜桃、麻湾西瓜、史口烧鸡、广饶肴驴肉，留香的是岁月；常被昵称为"跑驴戏"的吕剧唱响的却是春秋的阑干。

▼东营黄河入海口

▲东营莲花大剧院

　　东营，山不多，水丛密，网布星罗，盛景处处：刘集的阡陌、万象的粉雪、月河湾的水潺潺、胜利油田的摩云天，这些固然令人神往无限，但所有的东营人都知道，在这里，最不可错过的是那一片浩浩汤汤、银河天落般的苍黄。

## 黄河之水天上来

　　沧海横云赞九曲，落日白云长河间。自古而今，黄河，永远都是华夏儿女心中那一抹最深沉的安然。

　　李白曾有诗云："黄河之水天上来，奔流到海不复回。"千万年来，在岁月中咆哮着壮丽的黄河也的确滚滚东逝，从未有一刻懈怠。

　　黄河有九曲，九曲十八弯，自西向东，纵贯北地，一弯有一弯的雍容，一水有一水的琳琅，但无论何时，那一曲最美丽的流觞，却永远都只属于黄河口。

　　黄河口，即黄河入海口，位处东营市垦利县，系1855年黄河决口后改道而成。河口内，芦绿槐香、翠色红装，绝色旖旎，自令人向往。然而，登高塔、瞰远澜，那河海交汇、黄蓝分明的盛景却更让人动容。

　　晨曦初露、朝阳洒金的日子，汹汹黄河水携带着气吞山河的磅礴气势轰轰烈烈地滚入渤海的蓝色怀抱，彼时，渤海的青蓝中似乎都揉入了一种沉淀了岁月的苍黄，激流飞旋、水涡荡漾，那种壮阔，那种一往无前的倔强，委实一言难喻。

123

▲天鹅湖振翅高飞的天鹅

或许，不知多少年前，黄河就已立下了要将浩瀚汪洋尽染轻黄的宏愿吧，所以，即便愿望永难成真，但它却一直坚持着，一次又一次震撼九天的轰然雷鸣，一次又一次崩山摧海般的猛烈冲击，纵不曾令那包容一切的大海低头，纷落如雨的泥沙却还是以"填海造陆"的独特方式成就了现实中另一种"沧海桑田"的圆满。

伴着一片又一片"桑田"的诞生、成长，一去不复还的黄河在夕阳下，泛着金黄色的柔情。汤汤长河，奔流向东，岸柳汀兰，郁郁葱葱，一轮大日裹挟着映满了穹苍的金红一点点、一寸寸地沉落，若正值5月，万亩槐花翻涌着雪浪，雪中染红，红中点碧，长河落日，壮丽中便更多了几许清婉与雍容。

不过，大概每一个"母亲"都会无意识地偏爱最小的"孩子"吧，在泱泱黄河口，万亩槐林固然风姿绰约，但那涟涟的黄河最钟情的却还是那摇曳在秋风里，一不经意便洒下一场纷扬大雪，好像要将整片晴空都染白的十万亩芦苇荡。相形之下，别说是平平无奇的槐林，就算那以造型奇诡、千姿百态而著称的怪柳和始终都在用一望无垠的赤红点染着艳阳的碱蓬都要自动自觉地退避三舍。或许，也只有那将塞外风光一丝不苟地复制到河滩之上的草原才能略略与之媲美吧。毕竟，那风吹草低、牛羊成群的风光在濒海的黄河湿地的确难得一见。

另外，入海口自也少不了一番水清沙白的旖旎俏丽。粗粝的鹅卵石散落在曲折的海岸边，捡贝壳的小孩子没有多少，兴冲冲来赶海的人们似乎也更愿意满地撒欢、痛痛快快地来一场泥浴。尔后，便带着大地母亲的"唇印"，冲上拦海

◀ 胜利油田夜景

大堤,看月亮、看星星,再驾着海浪,去海上钻井平台朝朝圣,看看胜利油田的钻塔和一片又一片的采油树。倦了,累了,就枕着黄河纪念碑睡一觉,说不准,还能在黑甜乡中与黄河大桥来场约会呢。

胜利黄河大桥,是东营三大名桥之一,五孔跨径、钢筋铁骨,堂皇大气,滚滚黄河水自桥下奔腾而过,苍黄的水纹与碧空远野相映,静美异常。4月芳菲,繁花初绽时,伫立河畔,侧望长桥,那绮丽的身影在夕阳的余晖包裹下竟化身成了一把巨大的箜篌,琴声悠扬,婉转清越,细细聆听那一曲缠绵,竟是《凤求凰》!

## 窈窕仙河,天鹅好逑

跨虹望海已千年,黄河大桥上依旧琴声婉转,只可惜,终归是求而不得,只因,被它心心念念一生的黄河口,钟情的永远都是那已被天鹅惊艳的仙河。

以前,总以为所有的山水风华都不过是造化的伟岸,待在黄河三角洲中相遇那波光粼粼的天鹅湖,却才知道,原来人工也能如此雍容。

东营天鹅湖,水域辽阔,风平浪静,芦花飞雪,灵动而隽美。那一池浅蓝色的湖水,最喜欢的就是拖曳长长的水草;向往丽日的金色大鲤鱼,无不对腾波踏浪情有独钟;一派高冷范儿的白天鹅其实最调皮,上一秒,它似乎还在轻轻梳理着自己洁白的翅羽,下一秒就已经以迅雷不及掩耳之势将正在划船的你偷袭;待你终于举手投降,放弃了那怎么玩也玩不转的轻舟,老老实实地顺着木栈道登临湖心太阳岛,又会发现,引颈的天鹅其实不是要高歌,而是在嘲笑你"旱鸭子"的属性果然天下无双。一怒之下,小宇宙爆发的你径自奔向了"宝塔山",希望能找一位高僧来降妖伏鹅,但真到了山巅,那蜿蜒盘旋于整座岛链上的"长城"却攫取了你眸中所有的惊艳。

如夸父逐日般顺着"长城"一路向南狂奔,没过多久,"天涯""海角"便已近在眼前,"海角"畔,独属于"北海"的白塔更在阳光下招摇着晴空最纯然

▲东营胜利塔

的烂漫，以至中心岛上那错落的亭阁、戏蝶的繁花也瞬间黯然失色。白塔下，五颜六色的荷兰大风车正在风中雕琢着最美的情书，只是，情书的签收者却不是一旁痴痴等待的鸵鸟，而是仙河镇里那早就和火烧云签订了召唤盟约的火色怪柳。

　　仙河镇在黄河入海口北，黄河侧畔，镇子不大，寥寥数百户人家，却背倚青天，面朝大海，夕阳西下时，倚门而坐，可见长河落日、晚霞阡陌。成片成片的怪柳仿佛被袅袅的炊烟唤醒了火红的野望，枝叶轻摆间，已将千堆卷雪的怒涛抖落成了屋后村角黄黄白白的花之注脚。花前池畔，高大的刺槐不甘落后，正用油绿的叶片簌簌着阳光的清甜。错落在满目青绿中的小楼更用赭红、玉白、米黄、明蓝、暖紫等各种色彩勾勒了一幅又一幅色彩明快的淡雅画卷。如斯仙河，也难怪黄河口纵便碰壁千遍，却仍痴痴将之迷恋。

## 亲爱的，哪里才是你的远方

　　爱有千般，情有万种，缠缠绵绵，缱缱绻绻，那一场震惊了东营的"爱情决战"终归还是在某个星辉寥落的深夜静静地落幕了，结果如何，无人得知，只是，自那之后，无数个日日夜夜，东营，再不见它们的传说，坊间流传的故事也自然而然地换成了胜利塔与柏寝台的绝世恋歌。

　　通高208米的胜利塔，是东营当之无愧的第一地标。融融午后，胜利塔流转着淡淡浅银色的塔身总有几分梦幻般的青蓝，绝美中带着一种科技独有的动感。拾级登塔，一路向上，在112米处，一成不变的凝丽竟画风突变，变成了一片海阔天空的轩丽。直径27米的旋转餐厅，窗明几净，气氛优容，每隔45分钟便会旋

◀ 摇曳的芦苇

转一周。坐在窗畔，呆呆远眺，蓝天白云下，以黄河为背景的东营妙丽别样。夜幕低垂时，那用钢筋水泥铸就的瑰丽不知道迷了多少双眼，却只有她，仍漠然睥睨着这份繁华。

她，是柏寝台。

柏寝台，位于东营花官乡西南，因"以柏木为寝室于台之上"，故名柏寝台。

台始建于春秋时期，原为齐侯行宫，殿阁琅嬛、松柏苍翠，昔年，无数文人墨客览胜于此，吟诗作赋，留下佳篇无数。然而2000多年风摧雨残、狼烟烽火过后，旧日华美的亭阁终究还是湮没在了尘埃里，只剩下6米高的夯土台基上的苍苍古木，目觑残垣、眉横陶片，于无声处，清歌着旧日的无言。

或许，正是因为她眸中有着太多看尽浮华之后的沧桑，所以，天生耀目的胜利塔才会忍不住将她眷恋，没有为什么，一切都是那么的理所当然。

不记得，是谁说过，"因为相遇太匆匆，所以，我们丢掉了应有的爱情"，真正的爱情能被弄丢吗？或许，唯有爱过、恋过、和他一起在东营轰轰烈烈地打过一场"游"击战的你才最清楚吧。

**旅程随行帖**

## 佛头黑陶

佛头黑陶，原产于黄河口佛头寺村，是东营民间最精美的工艺品，又名黄河口黑陶。

陶器朴拙，造型古雅，式样大方，均以黄河口最质朴的红淤泥经数十道复杂的工序人工烧制而成。其色如墨，其声如钟，其薄如纸，其亮如镜，其硬如瓷，入手轻若鸿毛，敲击铮然有声，自问世以来，便备受钟爱，藏者甚多。

*Rizhao*

# 五莲扬帆，悠悠日照

初时，恋上日照，只不过，是恋上了那抱着莲山晒大海的味道；但当悠悠的东风吹落了一地的绯红，当望海南的樱花平分了海滨的白浪，却才知道，日照，最美的从来都不是日光。

人这一辈子，总要出去看看，走遍全世界固然不太现实，但心里终归还要有个念想。

巴黎？纽约？东京？莫斯科？马尔代夫？

对早已习惯了将一秒钟都掰成两半用的我们来说，或许真的是有些遥远。不过，却也没什么好遗憾的，远方有远方的精彩，近处也有近处的梦幻，马尔代夫的艳阳沙滩纵然令人向往不已，日照的白帆鸥影、樱花落照同样令人迷恋。

日照，位处山东省东南侧翼、黄海之滨，是一座洋溢着蓝色梦幻的古城，大汶口文化、龙山文化等诸多史前文化全都以它为重要源流之地；四五千年前，日照的繁华阜盛曾冠绝亚洲，及至秦时，琅邪郡下，"日出初光先照"之地那具有古拙之美的黑陶仍闻名天下；时至今日，作为中国最美的十大海滨城市之一，日照的倾城，依旧毋庸置疑。

## 山多娇，拾贝弄渔樵

碧石春屏白云起，远帆落日水无澜，荇菜参差花梦中，河山日照东风里。

身在鲁东丘陵带，日照从不乏"横看成岭侧成峰"的烂漫，4000多座大小不一、风姿各异的山峦自远古就将独属于"东方太阳城"的颂歌悠悠唱响，潍水之畔，也从不乏青山绿水绕城郭之宁静，但若说起日照的山，许多人的第一反应却还是河山。

◀ 海滩日出　　　　　　　　　　▲ 海滨森林公园内小朋友在挖沙子

　　河山，位处日照北郊，以"众河之源"而名，凌霄东部，"峭壁端严，屹然一邑屏障"。

　　628米的海拔，若比及岱岳，自然无可称道，但在丘陵广布的鲁东，河山之峻拔挺秀，却也算难得。山不巍峨，但山势却极峥嵘。山间，瀑布流泉，或轰鸣如雷，或淙淙固色，叮叮咚咚里，伴着山花，似无时不在将那曲最荡人心魄的"高山流水"变奏。聆水声，踏秋色，于嶙峋怪石间，采撷风光，一路向上："开山碑"畔，野芳幽馨；山神庙前，"戏台"轩敞，鬼斧神工间萦绕着淡淡的香火；庙东，飞瀑悬泉，照花火，映霓虹，如彩河倒挂；山巅南北，两球石分峙，遥遥望去，石波腾跃，蠢蠢欲动，步行其下，不啻胆大包天，即便是沉稳庄重了千年的"望海亭"也不由露出了惊容，亭边的古杏苍松，一时之间，更忘了对栖凤的深情。

　　栖凤岭在河山之东，黛色千叠，郁郁葱葱。相传，昔年，华香因深恋被龙子掳走的何郎，相思成疾，化为石凤，留下了一段长情。今日，"凤凰"仍栉风沐雨，岭畔，那据闻能直通东海海底的"海眼"石洞也仍秀色苍苍。对山望海，来一次"海誓山盟"，许一世白首不离，已成了无数邂逅河山的男女最浪漫的期许。海誓山盟后，拥着心爱的人一起仰首穹霄，静看河山悬壁上那堪为世界之最、高均逾20

129

米的摩崖"日照",领略一番石刻巨书的壮丽,便愈觉岁月静好。

万里阳光万里涛,日照山间弄渔樵,山光虽烂漫,海景更妖娆,既拥抱了河山,自也没有理由与万平口的艳阳沙滩擦肩。

万平口位处日照东郊,是一片宁静的海滩,澄蓝的海水温和明净,十里长滩宽阔细腻,彩虹桥斑斓夜色,潮汐塔则在潮涨潮落里用红蓝两色编织出了一次最幸福的初遇。"中国最长、最美、最浪漫的玫瑰大道",在午后晴荫里,常会用999朵娇艳的黄玫瑰挑战你的爱情底线,所以,带她一起来的你,可不能放松警惕哦。

来海滨,冲浪、游泳、堆沙堡、捡贝壳、在清凉的海水里肆意地滚两圈,在礁石的缝隙里寻一两条逃过了"魔掌"的小鱼,或者,静静地躺在沙滩椅上,看看书,吹吹风,享受一下午后的安闲惬意,自是题中之义。不过,和其他更乐于用水清沙白、椰林树影来吸引你的景区不同,万平口最绝美的时光,从不在晴岚下,而是在夜色里。每当华灯初上,万家灯火迷离时,站在潮汐塔上,近可观一弯"彩虹"横空,远可眺满城车水马龙,高低错落的灯火如珠玉般在墨蓝色的夜空下穿缀出了一幅流光溢彩的绝色织锦,明媚天成,美不胜收。

## 白帆扬,黄沙落夕阳

眸底,"日照"的宕阔与潮汐的迷离还在静静地流淌,双脚,却早忍不住从山河秀色中急急抽离,不为其他,只为乘那一抹云帆,去做一把"海贼王"。

位处万平口海滨的世帆基地,既是世界帆船锦标赛的赛场,亦是日照最靓丽的一张城市名片。

充满了张力、状若"风帆"的水上控制中心,雍容典丽,像极了游轮的帆

▲日照国际世帆赛基地　　　　　　　　　　　▲山东日照冰雪海岸

船俱乐部，别出心裁、以半圆形结构夺人眼球的船库丈量室，相偎相伴，一起屹立在蔚蓝的波涛里，睥睨白浪，自是动人心弦，但对一心想要成为"海贼王"的你我而言，那平阔的海面，千万点的白帆，无疑更令人向往。和朋友一起共浴阳光，乘风破浪，在阳光下、在潮头里，相视一笑间奋勇向前，那种感觉非常美妙。

若你的目标不是星空大海，而是那绝美的森林秘境，那正好，初夏的海边森林，空气里都弥漫着潮潮的甜香，租上一辆双人自行车，和你心爱的她一起骑行在浓绿的林荫下，车把上插几朵路边的野花，车筐里放几颗不期而遇的松果，车座上载着一只好奇的小松鼠，同姿态万千的花木一起静静地看一场日落，待晚霞将你的影、她的影、树的影、花的影揉成了一片疏斜的斑斓，支起帐篷，偷偷点一小堆篝火，烤烤肉、唱唱歌，挑逗一下悄悄探出脑袋的小鼹鼠，其实，都是蛮不错的选择。

## 樱飞雪，烂漫有花香

晴海翠明，白帆共鸥鹭齐飞；水天黛碧，黄沙与落照共舞。作别远海那一丛淡淡的白、林间那一片浓浓的青，转身的瞬间，将一片斑斓拥抱，赏娇花，看樱舞，自也是题中之义。

沐浴着太阳故里的绝代荣光，日照的花开胜景，似乎也格外与众不同。

早莺轻啼暖树梢的初春，连翘便迫不及待地用满枝的金黄将巷陌装点，那一朵朵灿金色的娇花俏皮地卓立枝头，远远望去，就仿佛一个个Q版的小太阳，缕缕"日光"伴着花香，竟璀璨过了那当空的艳阳。

掬一捧淡淡的"日光"，懒画蛾眉妆，花香里，悠悠迷航，不经意间，竟走

・绝色山东，倾城岁月里的水色山青・

过了初春的妖娆，待醒来，唯有看"夕阳"零落，一地地金黄尽转作了烂漫的粉白，原来，是4月的东风唤醒了樱花独有的雅淡与倾城。

樱花园的樱花，多是双樱，每年4月，芳菲初绽的时候，园中的樱花依序盛放，淡淡的白中夹杂着或浓或淡的粉，风落处，花摇曳，漫漫青空似乎都被一片又一片、一簇又一簇的粉白零落成了最斑斓的背影。当花落纷纷如雨时，满树绯雪轻舞，沾在你发间的那一瓣淡淡的粉成全的便是阳光下所有纤尘不染的浪漫。

偎依在他的肩头，一起向花海更深处漫溯、漫溯，不曾相遇更多的情真，却在不经意间脚踏银河，迈入了另一片绯红的盛境，惊喜之余，细细凝眸，却才发现，那绚烂了晴岚的绯红竟不是云霞，而是美人梅。

银河公园那一片片潋滟的碧水究竟是不是源自九天，我们不得而知，但那大片大片的美人梅，却的确美得出尘绝俗。

美人梅，是梅中异种，不爱凌寒傲雪的孤高，偏喜风和日暖的芳菲，娇俏争春，艳绝群芳。每年4月中，漫步在盛放的梅丛里，看那一朵朵娇花或半掩羞颜，或热情款款，一时之间，竟有一种四季改易、不似人间的奇异感觉。彼时，若能邂逅花仙子，将这一缕奇异发酵成一桶最醇香的甜蜜果酒，则最是绝妙。

花仙子景区，位处日照东港、日照水库畔，占地39万平方米，是所有有情人都能收获幸福的大型婚纱摄影基地。在这里，七色七品不同颜色的鲜花组成的七

▼万平口海滨浴场上停泊的船只

▲ 初春的连翘

条花带交织出了彩虹园的浪漫，蜿蜒400米、用花海连缀出"中国地图""丘比特之箭""爱心"等不同图案的菊花"长城"更不知道惊艳了多少眼帘。每年蝴蝶节期间，数百只色彩斑斓的蝴蝶群舞在花间，翩翩盛景，更如梦似幻。

别犹豫，别彷徨，向往早已在日照泛滥成一条溜溜的河，万米阳光下，花海铺展的就是诗意的远方，碧影白帆，心之所向，便是天堂。

**旅程随行帖**

### "日照"之名的由来

《山海经》中有载，"汤谷上有扶木，一日方至一日方出"，"汤谷"自来便是日初出之地，东方微白时，晨曦第一缕曙光必先漫洒"汤谷"，而这里的"汤谷"，指的就是日照。日照之名，也正因其是"日出初光先照"之地而来。

作为世界五大太阳文化的源流地之一，自远古起，先民们就对天上那一轮煌煌大日怀着浓厚的敬畏与崇慕之心，日照尧王古城至今仍留存着大量祭祀太阳神的祭台、遗址。每年农历六月十九日，日照都会举办太阳节祀日大典，规模颇是盛大。

▲金山寺

## *Dezhou*
# 德州，禹王亭外枣森森

九达天衢通门户，水墨红坛夜夜心。德州，从来都不是个唯美的地方，但当禹王亭外，淡淡枣花挥手作别了减河，金山寺与董子园、太阳谷与欧乐堡早用泪水淋湿了那唯美的初恋……

位处山东省西北边缘的德州，自古便是"神京门户"，九达天衢，底蕴沉厚。

滚滚黄河东逝水，浪花淘尽，英雄几多，高低起伏、岗洼纵横的独特平原地貌更在不经意间便成就了德州的物产丰饶；大禹、董仲舒、东方朔、颜真卿等千古大家亦于谈笑间编织了无尽的锦绣雍容；潇潇雨雾朦胧时，回荡着暮鼓晨钟的金山寺更别显古韵无穷。

## 晨钟暮鼓叹斜阳

落雨听蝉，花开半夏，斑斓的岁月总流转着斑斓的故事，或许，寺已不是曾

经的那座寺，但万里霜天，孤独长歌，叹的却是同一段过往、同一个红颜、同一场悲欢。

海岛金山寺，位处德州市庆云县北，始建于隋，盛荣于唐，乃中国北方规模最宏大的佛教净土宗寺院。民间传说中，1000多年前，一位金山寺高僧在河边救起了尚处褴褓中的"江流儿"，并悉心将他养育成人，与他谈禅说法，传他佛谕伽蓝，这才成就了那名满天下的唐三藏。

说实话，金山寺其实并不大，一寺、一街、一园三足鼎立，二十四孝馆、延陵台、地宫、觉门分峙四方，如是而已。

古金山寺已在风雨中化为残垣，新金山寺为现代重修，但却飞檐翘角、庄严大气、古韵古香，丝毫不少苍古烟尘的痕迹；伽蓝七堂，坐北朝南；大雄宝殿，僧诵佛唱；藏经阁里，万卷大乘法，漫卷着书香。每当夕阳斜照，方丈楼中总有霞光万丈，暮鼓晨钟，嘹亮着远方。彼时，裹着日光，听着钟鼓，在充满了徽派复古气息的古街茶铺里，品一杯佛茶，宣一声佛号，却是再好不过。

吉祥园在金山寺北，邻古街，小桥流水、珑石巧致、孤山映日出、三湖伴秋月，倒颇有几分水韵江南的风致，尤其是高60米的万佛殿，美轮美奂中透着堂皇大气，别具几分天坛祈年殿的风韵。

地宫与吉祥园相去并不远，千余尊香樟木雕在迷离的灯光幻影里演绎着地狱的百诡千奇、神秘莫测；延陵台上，北风朔烈，黄土飞扬，似还低吟浅唱着那独属于季札的传说；二十四孝馆里，56尊栩栩如生的蜡像却早将那传扬千古的至孝故事淋漓具现，孝歌婉转着悠悠的香火，却也别样。

▲减河湿地风车

纤尘不染有净土，佛光袅袅照红尘，在金山佛地转过一圈之后，似乎没什么慧根的你我虽心有恋恋，但还是咬牙迈步，重新扎进了滚滚红尘，扎进了减河最温软的怀抱。

减河湿地就在德州城郊，河水蜿蜒如青蓝色的玉带。河东岸，千里花海，香飘满园，五彩斑斓里徜徉着一段又一段甜美的恋爱物语；西岸，虽褪去了斑斓，却又独树一帜地镀上了一层欧陆的风致，金黄的沙滩、高高的观光塔、惠风中悠悠转动的大风车、梦幻的白桥、在潺潺流水中嘎吱嘎吱着日光的水车，还有那迫不及待跑来围观的"嫦娥""后羿"，都给这片宁静的画卷增添了几许生动。尤其是夏末秋初，片片红荷还不曾将妩媚凋零，成群的萤火虫便在冥迷的夜色里舞动了太多的幻梦。牵着爱人的手，漫步在萤光树影、荷香月色之中，那种唯美，委实一言难喻。

## 禹王亭外枣森森

蛙声起，红荷点，在减河和萤火虫捉过几次迷藏后，趁晚霞映阡陌、苍树歌琉璃，转身禹王亭，看一场花开花落，倒也绝妙。

禹王亭博物馆，坐落于德州禹城市西北部，占地约136亩，坐北朝南，典雅精致。禹王殿面阔五间，重檐歇山，红柱九脊，华彩大气；禹王湖，水碧芦青，

▲禹王亭　　　　　　　　　　▶德州枣林

拂堤杨柳,迷醉春烟;殿北湖岸具丘山,传为当年大禹察水势之地,不高,却透着莽古的气息;山上禹王亭,八角玲珑,立柱擎天,翘角飞檐,木质顶壁,彩绘辉煌。伫立亭中,举目远眺,碑林刻石历历,一望无垠的青青麦浪、淡白如雪覆千山的枣花更是远足的你我眼中最明媚、最饱满的风景。

万亩枣林,在德州乐陵朱集镇,山光水色,林中有村,村中有林,错落之间,自有一股浓浓的乡野气息弥漫。

簌簌衣巾落枣花的日子,一点点无瑕的白镶嵌在丛丛密密的青绿之中,如落雪,如云絮,渺渺仙姿盛,淡淡玉生香,"白云"漫天处,翠绿"雪"染妆,委实恬美异常。待得深藏在花影横斜中的浪漫被金风吹落成满枝的红,硕硕火色盖压天穹,那一粒粒小巧的"红色果糖"也就成了深秋最酸甜的人间梦境。彼时,带着你们家的"萌宝特工队"到林子里撒撒欢、爬爬树、排排站、摘果果,也是一种乐趣。

## 蓝火熊熊战雷神

待熊熊蓝火燃尽了枣花的芬芳,雷神之锤锤落了禹王亭的秋月,转身,向

| 137

▲ 德州欧乐堡

欧乐堡以欧洲经典建筑风情为主，融入欧美先进的科技元素，是科技含量超高的大型游乐园，这里不仅是孩子梦想的天地，更是让成年人找回童趣的乐园。

右，一步踏出，便能进入另一片独属于欧乐堡的绮丽与梦幻。

欧乐堡梦幻世界坐落于德州市齐河县，是一座大型主题游乐园，以诸多科幻元素为牵引，在现实中具现了一片欧陆风情十足的多摩罗多空间。欢乐派梦幻小镇、童话镇、天空之城、秘境之湖、龙之心、狂野非洲、魔幻仙踪，"七雄鼎立"，迥异的风情，流转的却是同样的绚丽绮美、岁月静好。

梦幻小镇是欧乐堡的核心，也是整个乐园风光最明媚的所在。

坐在茵茵的草场上晒着日光，举目而眺，蓝顶白墙、瑰丽奇幻的"天鹅堡"仿佛伫立在云端，古堡畔，绿竹流泉、花开烂漫、紫藤婀娜着繁星，水晶婚礼殿堂里唱诗班的孩子稚嫩的歌声更割裂了湖光。

秘境之湖，水波浩渺，偶然也会有一叶扁舟漂荡绿萍之上，不过，最令人心潮澎湃的却从不是那不时在水面上具现的鲤影，而是水上凌波踏浪、峡谷漂流的精彩。微聆海潮音，碧海可放歌，玩累了，躺在湖边，静静地看着那气息十足、巍峨壮丽的"凯旋门"，原想聊发轻狂，作一首打油诗赞它一赞，抬手，看看表，却才惊觉，蓝火过山车即将起航。

蓝火过山车，又名蓝火之战，是一种首尾衔接的循环式发射过山车，坐在车上,冲刺云端,在与白云匆匆说再见的同时,还能体验一种类似火箭发射般独一无二的惊险与乐趣。超长车道、超高时速相互叠加,产生的反应,简直就是爆发式的,非身临其境,委实难以体会。

坐过"熊熊蓝火"之后,若还不过瘾,乘着"龙卷风"登陆星河,开启时空战车,朝着"雷神之锤"快乐出发,和"雷神"大战一场之后,再跑到"动物危机"世界去畅玩,之后,在叮叮咚咚的音乐声中来一场惊艳的"寰球之旅"却也不错。

当然了,若安静温馨、文艺纯真才是你的向往,也没关系,欢乐派梦幻小镇里,花花绿绿的糖果屋、各种萌萌的"外星来客"总能让你恋恋不舍。童话小镇里,喜羊羊、灰太狼、樱桃小丸子和熊大、熊二正在举行联席会议,"乱入"的你,说不定就能占个便宜被推举为镇长,当选之后,在天空之城来场就职典礼自是题中之义。看看国际大马戏,来两场马术大PK,权当暖场;坐着轨道式过山车,去看看让孙大圣也无计可施的火焰山、冰雪俏连城的冰山,比魔幻仙踪还魔幻的奇石、神出鬼没的各种珍稀动物才是重头戏;而巡游归来后,在漫天的烟花里将代表镇长权力的"龙之心"捧到她的面前,求一个一生一世一双人的许诺,或许才是真正的倾城与完满。

伫立金山外,畅望禹亭东,赤橙黄绿青蓝紫,不同的色彩张扬着不同的梦幻。你的梦在何方?你的梦在何处?你的梦是何色彩?哪种颜色的梦能让你甘愿沉醉不醒?若你还不曾找到答案,那踏着彩虹,将自己放飞在德州的梦境里,却也不错。

**旅程随行帖**

### 德州"三宝"

德州是鲁地古城,物华天宝,人杰地灵,文化绚烂,"三宝"更闻名遐迩。

德州"三宝",一为德州扒鸡,二为保店驴肉,三为乐陵金丝小枣。

德州扒鸡,尝被誉为神州一奇,五香脱骨、色泽明丽、味道醇厚、香而不腻,清时被康熙帝盛情赞誉,今时今日,更是家喻户晓。

保店驴肉,是德州宁津县保店镇的特产,肉质鲜美,瘦而不柴,软而不黏,风味独特,营养丰富,为筵席佳品。

乐陵金丝小枣,为枣中之王,个头虽小,但皮薄肉厚,掰开之后,常能见缕缕金丝,极是奇特。甜美的味道更为它赢来了拥趸无数。"三宝"之一,自是名不虚传。

## Qingzhou
# 热恋在 **青州**，北方九寨沟

驼岭千寻，云门天开，葱茏的岁月葱茏的歌，仰天的繁星早将偶园的传说洒落。俯身，在黄花溪畔捡一颗彩石，石头上，镌刻的却是范公的传说。范公亭外，宋城巍峨，虹桥飞架，表海流香，恍惚之间，青州故里，似已一梦千年……

人间花落，万里晴岚多少故事；梦里梦外，彩色纷繁总是传说。位列古九州之一的青州，从来都是一个传奇的地方。

青州，古为东夷之地，周时隶齐，隋时属北海，素为东方重镇，《尚书·禹贡》中尝有"海岱惟青州"之语，位处沂山北麓边缘、邻鲁北平原的青州也的确是一片润泽着上古福禄的土地，山川灵秀、人杰地馨。

四季分明的气候，成就了青州的物产丰饶，弥河银瓜、冬雪蜜桃、敞口山楂、青州柿饼向来闻名遐迩；被誉为"抽纱之王"的青州府花边更以锦绣之姿襟带了青州所有的雍容。

▼冬雪蜜桃

▼青州柿饼

▲ 云门山晚霞风光

云门山虽不高，却有挺拔之势，自古为鲁中名山。日落时分，漫天的霞光将云门山装点得富丽堂皇，蔚为壮观。

青州多水，大小石河、乌阳河、富龙河、小清河纵横交错，潺潺清波、悠悠绿浪，成就了"北方小九寨"的美名。但其实，在青州，真正最有故事的还是山峦，是丘陵，是那瑰丽斑斓的奇石，是藏在白云深岫里的花语俚歌……

## 云门中断仰天开，驼岭万万载

白水回望合，声喧乱石中。青州多翠色，云门向天开。青州群山，最旖旎者不过云门。

云门山，位处青州南郊，山不峻拔，却多奇秀，自来便是鲁中名山、青州胜境。

云门山不高，主峰大云顶海拔也不过421米，但山峦之间却是松荫翠盖、花开烂漫、云叠巇巆，一派明秀。每值夏秋，山南"云窟"，白云滚滚，若卷雪惊涛，奔涌而出，云峰过处，处处仙姿，潮起复潮落，云间花下，不知多少故事。待地云涌青空，滔滔"云流"漫过群山，漫过绿野，漫过一山的斑斓，自高阔皆过丈的"云门"之中奔涌而过，所有的色彩便也全都凝作了那说不清、道不

141

绝色山东，倾城岁月里的水色山青。

明的绝丽与浪漫。若彼时，天光正好，红日将出，煌煌大日与隐约云间的庙宇佛寺、秋花红叶相衬，更别有几分堂皇之趣。

漫云流，一路向北，山阴转角，仰首而望，一个高约7.5米的硕大"寿"字瞬间便惊艳了眼帘，惊艳过后，童心大起，手攀脚蹬地凑到"寿"字旁，顿时发现，自己竟然还没有"寿"下部的一个"寸"高。想想，在自然伟力、山河奇秀面前，人还真是渺小。

由是，胸中多少都有些抑郁，纵便是身临望海亭，远眺龟背路，满山花木葱茏、鸟兽巧舞，也难舒心绪，思来想去，总觉不甘，满怀希冀地去"道洞"中摸了摸陈抟老祖的头，又迫不及待地到玉女祠中拜了拜佛，甚至，山阳五窟中的罗汉菩萨一个也没错过，但拜来拜去，貌似自身的"海拔"还是曾经的那么一点儿，不见丝毫增高。一气之下，奔上观驼岭，本欲哭号两声泄泄私愤，却不想，一见驼岭误三年，望了，便再也挪不开眼。

▲ 黄花溪谷

驼山，位处青州西南，古峰列翠，松柏连城，因山形似驼，双峰并立，故以之为名。山非巍峨，却极峥嵘，"天梯"辗转，蜿蜒其间，拾级而上，寻杂花，望野鹿，一路迤逦而行。及至山腰，举目东南望，可见山峦曲秀，翠盖苍青，清丽的线条在阳光下竟勾连成了一尊长2500米、面目慈善、端庄威严、举世罕见的天然巨佛。

佛法威严，金刚怒目，想要临时抱抱巨佛脚，恐怕连一只脚指头都抱不住。不过，也没什么关系，大佛座下还有小佛637尊，毕集于驼山主峰悬崖之畔，最小的那一尊，身高非常迷你，还不到10厘米，想要怎么抱就怎么抱，就算捧在手心里，也没谁拦着你。

亲爱的你还是想抱抱巨佛脚，和巨佛谈谈人生，谈谈理想？抱歉，可能性真不大，因为，巨佛的眸光，千年前，便早已被仰天的绯红填满，一丝余隙也没留下。

▲ 驼山景区石坊大门

## 北地小九寨，山隽水独幽

　　醉入青松里，逐梦碧水间，云门仰天、隽隽山色还没融化成记忆，黄花溪便已用微风潺潺出了满池宁静的绿波。

　　黄花溪，位处青州庙子镇圣峪口村西南，峭壁如削、苍崖兀立、峰幽谷深、名冠齐鲁。

　　循着大片大片缀着深红的山楂树，在一曲浓绿的田园恋歌里，循谷而上，纵横交错的沟渠、潺潺东流的清溪、葱郁浓翠的密林、激流跌宕的崖壁飞瀑、蜿蜒绿海云端的木质栈道、悠悠飘落的柳絮榆花，无不张扬着人间仙境、北方九寨的绝美与烂漫。

　　春时，崖畔古松，虬结着冬雪艳阳里泯不去的幽翠；夏日，千瀑飞雪、万水垂丝，每一缕清流沉吟的都是姹紫嫣红的云吟花歌；秋日，万山黄遍，一地落殇，西风悠扬着古村，万木梢头，一片片已经融入了苍黄的叶争先恐后地抖落着明媚，山娆水碧，叶影婀娜，映着秋光，竟仿佛是千朵万朵黄花同时在水中怒放，层层叠叠，赫赫扬扬，蔚为壮观。或许，黄花溪之名亦是由此而来吧。

　　转身黄花溪，缘起林的疏影依旧横斜着逍遥津的澄净；普渡舟头，黄花坡

· 绝色山东，倾城岁月里的水色山青 ·

▲范公亭公园长廊

上，清流仍旧婉转着素色的妖娆；岩间飞瀑，路上流泉，达海穿云，一派悠然中磅礴着造化；悠悠深谷，平坦的河滩，丁香的秀色总还是丹崖碧树最好的衬托，只不过，丹崖下的你我，却已恋上了那静静的蓝溪。

蓝溪谷，在青州西南，仰天山东麓，谷不甚深，但很狭长，谷内山隽水秀、松怪柏奇、古藤盘绕、莓林连绵，淙淙的山泉流转着天成的妩媚，倒映着蓝天的溪水更环绕出了山村人家独有的炊烟。

9月初秋，一谷的深红淡白尚未凋零成芳泥微尘，山间坡上、谷里地头，那一枝枝大樱桃、一串串紫葡萄、一筐筐红山楂、一丛丛黑枸杞便成了波光粼粼里那道最纯美的风景。尤其是蓝莓林里，红叶飘飘，浴着烈焰，灼着金黄，共太阳花一起绚烂了一秋的野望，那般盛景，委实令人难忘。

## 穿越数千年，梦遇范仲淹

漫步溪边，作别了溪谷的秀雅，且行且语，不知不觉，竟已穿越千年，走进了大宋的市井繁华里。

宋城，是一座以"北宋古风"为底色的大型仿古城阙，占地2000亩，山水琳琅，亭台轩阔，沉淀了万古岁月的万年桥横亘南北，归来堂、表海亭东西错落，酒坊、年糕坊、榨油坊、豆腐坊、钱庄、当铺等鳞次栉比于街边；街上行人，或锦衣华服，或儒衫广带，或麻衫草履，形态不同，神态各异，行走其间，就仿佛穿越千年，走进了一幅活着的《清明上河图》里。

在画中，或许，我们无法相遇那妙笔绘千秋的张择端，但恍惚之间，却早邂逅了那"先天下之忧而忧，后天下之乐而乐"的范仲淹。

昔年，范仲淹惠政知青州，名传天下，既有幸相遇，自没有不相约范公亭秉烛长谈的道理。

北宋皇祐四年（1052），范仲淹病逝赴任途中，时人感念其胸怀功绩，遂建范公亭。千年辗转，几经兴废，已扩建为公园的范公亭却仿佛从未染过风烟，依旧竹柳翩然、楼台映花木、扶疏溪流间，一派儒雅风韵。对范公常怀仰慕的小伙伴们若有余暇倒不妨去园内走走逛逛。

另外，泰和山、偶园古街、九龙峪、真教寺、弥河滩等地风景也不错，精力满满的话，转上一圈，也是应当。

黄与绿在山水间交织，蓝与白在骄阳下渐变，热恋在青州，千年有倾城，所以，不要等了，赶紧把自己打包邮寄过来吧，纵便没有收件人，在这片不一样的乐土上，你依旧能收获满满的爱恋，满满的感动。

**旅程随行帖**

### 一拜寿，二拜佛，三拜清官，四品书

老驴友们都知道，邂逅青州，沉迷山水无差错，漫步街巷有余闲，若想玩得好，却是一定要遵循"一拜寿，二拜佛，三拜清官，四品书"的金科玉律的。

一拜寿，拜的是云门山山阴高7.5米、宽3.7米、寓意寿比南山的摩崖"寿"字。

二拜佛，拜的是驼山纵贯数朝的638尊摩崖佛像及云门山历经千年风雨的272尊佛教造像。

三拜清官，拜的是青州十三贤，寇准、欧阳修、范仲淹等，其中，最闻名的正是为纪念范仲淹而建的范公亭。

四品书，品的则是青州玲珑山的魏碑真迹，尤其是大书法家郑道昭的亲笔题刻。

## *Jiaozhou*
# 胶州，三里河代表我的爱

人说，一座城，一首诗，一个故事，不同的诗，不同的故事，唱断的却都是咫尺尽头最精致的无言。胶州是个怎样的地方呢？少海湿地，翠烟袅袅；慈云古寺，钟声禅唱。然而，人间四月，芳菲无尽，邂逅胶州，亲爱的我们，最钟情的却永远都是那蜿蜒了无数岁月的三里河。

不记得是谁说过，人生至少要有两次冲动，一次是为了奋不顾身的爱情，一次是为了说走就走的旅行。

旅行嘛，看看花、观观海、逛逛小巷、品品清甜，寻寻遗迹，不同的人心中总有不同的幻梦，但所有邂逅过胶州的人都知道，踏上这座宁静小城的那一刻，你至少能省下一次冲动。因为，这个让你说走就走的地方原就有着太多太多你所期盼的甜美爱情。

胶州，位处山东半岛西南部，胶州湾西北，东依青岛，西临高密，南接青岛黄岛区，北连平度，是一座有着4000多年历史的古城。

实话说，胶州市并不大，但这座小城中却演绎过太多的繁华与灿烂，龙山文化、大汶口文化均以此为重要源流；大秧歌、小剪纸独具一首只属于它的艺术礼赞；北梁蜜桃、里岔黑猪、胶州大白菜用柴米油盐勾勒出了另一幅别开生面的舌尖图景；沙金点点，重晶如梦，山峦起伏间，萤石迷离的光影中倒映的却永远都是独属于三里河的倾城⋯⋯

## 绿暖新晴，三里河代表我的爱

绿水春回风微暖，清波落月醮斜阳。三里河，代表的永远都是胶州矢志不移的倾情与爱恋。

岁月漫落花，千秋朔风回，不知道多少年前，三里河就已静静地用青蓝为胶

▲三里河公园夜景

州编织了一曲花堤柳影里的绝美幻梦。

一水一流觞，一河一蜿蜒。几乎纵贯了整个胶州的三里河，自远古起，就与胶州结下了一段不解的缘。

三里河畔，神仙沟西，上下层叠、包容着大汶口与龙山双重文化的三里河遗址在艳阳浓荫下歌着苍莽，各色黄铜器、薄胎黑陶杯、灰坑、墓葬、随葬礼器虽算不得精致，却也别有几分朴拙雍容，置身其间，一件件看过去，似乎仍能透过这些残垣，见证那曾经的物阜民丰、社会风情。

漫溯着河水，寻逐着绿萍，昼暖新晴时，一路向前，不多久，氤氲了几分江南韵味的三里河公园便已赫然于目。

三里河公园是一座高标准的开放式游园，以潺潺清流分隔南北，浩渺水域镌着芦香荷影，百米高的喷泉在七彩的霓虹下誓要采撷那天上的月色，但水花溅落处，却成就了曲线桥与平桥的一见倾城。伫立桥上，举目西望，碧水银滩徜徉着春花的烂漫，山溪磐石映照着银湖的清漪，星海栈桥连接着独属于灵岛的浪漫，瑶台花语，嘉荫下最明媚的却不是那连绵不绝的怪石巉岩，而是那凌波处最俏丽

| 147

· 绝色山东，倾城岁月里的水色山青 ·

的一叶松枝。

每当盛夏，长堤之上，被打翻的"万花镜"中总流溢着不尽的姹紫嫣红，芳菲蔓处，碧玉垂绦，浓绿中婀娜着晴烟。人立堤上，纵未把酒放歌，如琼浆般的青蓝里，却仍映出了那不泯的痴情，映出了那纯美的少海。

### 绽放吧，少海的烂漫

少海的烂漫，是造化最纯美的礼赞。

少海湿地，在胶州市区东南，胶州湾西北，风光明媚，水光潋滟，两湖三岛，连樯秀色，一片妖娆。

湿地不大，南湖晴岚，风满红荷，若明珠熠熠生辉；北湖苍莽，水色烟光，游鱼绿萍，水墨风韵难当；白鹭洲头，有芳草萋萋，水鸟缠绵，渔火萤光，宁静悠然；观澜洲畔，浪卷惊涛，四时辗转，或缓或骤的潮汐澎湃着艳阳；十里长堤上，更有微风习习、垂柳依依。远望，万佛塔的佛光扑面，近观，水草纠缠着鹅卵石，石缝里似还有几尾叫不出名字的小鱼偷偷藏起了自己的尾巴……

胶州湾大桥

堤畔，少海连樯，蓝帆竞渡，数不尽的风帆张扬在风中，伫立帆下，似还能体会到胶州湾昔日千帆云集的盛景；挂云帆，济沧海，一路"远航"，不经意间，便已堕入了"爱琴岛"的梦幻与"欧洲镇"的绮丽之中，那充满了地中海风情的各色建筑也不知迷了多少人的眼帘。

半梦半醒，游逛良久，待风信子送来远方的问候，却才发现，市舶司竟然近在眼前，好说歹说，这才租了一艘游艇，急匆匆地把家还。高丽亭馆错过了也就错过了，但不登登风情娱乐岛却难免遗憾。由是，纵便归心似箭，却还是转舵向了南。风情岛上悠游良久，正乐不思蜀，秧歌城的欢声笑语却陡然萦于耳际。于是，径奔城中，欢欢快快地扭了两场大秧歌。累了，倦了，躺在草地上枕着双臂静静地看会儿星星，听着潮起潮落，看着簌簌飞花，蓦然觉得，其实留下来也蛮好的，而少海，也的确是一个让人不觉之间就已深恋的地方，只是，想到远方还在默默相候的慈云，咬咬牙，还是决定归去。

## 嗨，慈云，一起去看高凤翰，可好？

"人间四月芳菲尽，山寺桃花始盛开。"少海的浪漫已融进了身后的夜色，不为其他，只为能攀着藤萝，踩着晨露，到慈云寺里，听听那东方微白时最美的天籁。

始建于890年的慈云寺位处胶州老城区，是"胶州第一古刹"，风光幽静，拙谧庄严，清远自在。寺庙不大，建筑面积仅6000余平方米，碧草嘉荫，黄墙黑瓦，殿宇琳琅，祈福敬拜者常络绎不绝。寺在岛上，环水濒湖，每有白鸟起落轻鸣，鸟语伴经声，韵味悠长。

摩诘呓语禅唱远，在慈云寺祈过福之后，若有闲暇，不妨到高凤翰纪念馆去看看，南斋池的明月，竹西亭的飞雪，春草堂的杂花，石鳌馆的雕花，故居的曲径，都不容错过。

看过高凤翰，若犹有余兴，也可到大沽河、城隍庙、烈士陵园、星空园或者莲花山走走，这些地方也都蛮不错的。

当然，岁月如歌，桑田辗转，想要踏遍胶州的每一个角落，终归是妄想。但在与胶州邂逅的日子里，若能将所有的美好都化作欢声，镌刻进记忆的广角，如是，胶州之行便也无憾，不是吗？

· 绝色山东，倾城岁月里的水色山青 ·

▲慈云寺

慈云寺万佛塔位处观海胜地，每逢潮汐之时，洪涛险浪，奔突眼底，甚为壮观，而在夜航时，塔又可成为指示航向的灯塔。

**旅程随行帖**

## 糖球会

糖球会是胶州一年一度的民俗文化盛典，有些类似于庙会，多在春节期间举办，为期半个月左右。会上，游人不仅能够欣赏到大秧歌、舞狮子、耍龙灯、踩高跷、茂腔、吕剧等充满了年味的胶州本土风情的表演，能亲眼看到吹糖人、画糖画等绝艺，能玩遍过山车、海盗船、旋转木马等游戏，还能品尝到国内外各色美食，赏尽胶州山水秀色，一举数得，可谓完满。

*Linyi*

# 山水**临沂**，古城的田园牧歌

古有琅邪郡，今现《琅琊榜》，旧都秋色里，蒙山青月影，竹泉一辈子只会唱一首名为《天马》的歌，红石寨的酒旗也总在山风里错落。临沂的夜，朦胧的从来都不是幽花，但所有的花香，所有的烂漫，所有的柔情，所有的幻梦，却全都自此起航向前。

临沂，古称琅邪，为山东历史文化名城，中华文明的重要发祥地之一，山外青山，水墨倾城，蔚为大观。

50万年前，先民在沂蒙山水之间用薪火勾勒了一幅远古的图卷；50万年间，无数俊杰人物以自身的伟绩丰功将这图卷铺展成了文华锦绣、艺苑芳馨；50万年后，一座历史厚重、民俗灿烂的山水古城便赫然成了你我眼中最美的风景。

临沂，人美，景亦美。沂水秋深，红叶似海潮般澎湃着叠嶂与层峦；沭河谷幽，峭壁如刀锋，劈开了苍莽几万重；临郯平原，碧色连绵，星星点点的野花如彩色繁星将一片浓绿浅浅割裂。然而蜂飞蝶舞、叶卷花舒的刹那，最引人注目的却还是蒙山那千年不变的黛黛苍青⋯⋯

## 醉卧黄叶里，东蒙雾色新

山水临沂，山是魂，水是魄，无山不成形，无水不显灵，相比于沂水的秋深，绝大多数人还是更爱蒙山的日落。

蒙山，位处临沂西北、蒙阴之南，古称东蒙，东西绵延，层峦百里，主峰龟蒙顶海拔1156米，为山东省第二高峰，素有"岱宗之亚"之誉。

◀蒙山景区三洞山门　　　　　　　　　　　　　　　　▲蒙山风光

　　巍巍重峦，氤翠万端，一向以"雄、奇、险、秀、翠、雅"著称的蒙山，最美的其实还是繁花。

　　蒙山是中国最佳绿色健身旅游胜地，百里林海，人间花潮，森林覆盖率高达98%，蓊蓊郁郁的林木间，常可见野杏斑斓、杜鹃独笑，太阳花的金黄属于蓝天，桃花的红艳却是朝霞最美的面，薰衣草一直在山麓下伴着五彩的风车，微风里，寻梦的眸中倒映的却是一片不知名的幽馨与晴蓝。撷一朵蓝菊，轻轻插在她的发间，然后，手挽着手，肩并着肩，一起步入一片用枝叶缠结出的深秀中，原就是一种浪漫。

绝色山东，倾城岁月里的水色山青

漫步在蒙山，栈道旁，总有几片深秋的黄叶难掩，一片、两片、三片……十片、百片、千片，深深浅浅的黄，环抱着一捧捧错落却浓烈的绯红，凋零西风，辗转雾重，却独倾城。

蒙山山巅多云雾，雾色掩青岩，从来烂漫。尤其是初晨，雾将散而未散的时候，揣着曙光的橘红，踩着脆脆的松枝，走在被芳露淋湿了无数次的山道间，深呼吸，那种美好与熨帖，委实一言难喻。

待雾气消散，和心爱的人一起登上森林冲锋车，在错落不一的绿、黄、红叶中，直道狂飙、弯道跌宕、急道盘旋、加速、减速、转弯、漂移，2600米的轨道，绝对能玩出刺激的新高度。

当然，若亲爱的他和你都特别的文艺范儿，那荡起双桨、撑着皮筏，一边回忆被落叶曲折了的童年，一边欣赏河两岸最纯粹、最原始的自然风光，偶尔，与小鹿打打架，和松鼠抢抢松子，却也蛮不错。

若移步换景千万次，眸中眼底镌刻的仍不是你期待的秀美清隽，也没关系，蒙山有72峰，99峪，36洞天，碑碣刻石无数，道教宫观几多，林林总总百余盛景，总会有那么一处能令你倾心相恋。譬如那仿似天上水帘、遮挡了整个"华夏版图"的中国瀑布；譬如那长1000米、囊括了纷繁美景的木栈道；譬如那朴实无华、香火常氤的雨王庙；譬如堆锦着秀、若花神琼阁的后花园；譬如……

## 十万巨石天上来，天马行空否

绿映红，千里莺啼歌婉转；酒旗风，万米竹海映西东。聆尽牧歌、咏罢田园，裹挟着一抹淡淡的泥土香，转身向南，十万巨石零落，天马岛，赫然已在眼前。

天马岛，位处临沂市莒南县东北，临日照，有一山、一湖、一寺、百瀑、万石，山水相映，碧海听涛，颇有些"水作琴中听，山疑画里看"的绝美风韵。

山，是马鬐山，巍然灵秀，挺拔峻丽，灰白中带

着几许黛褐的群峰迤逦着海天的宕阔，朵朵流云映着山间翠柏青松，不待礁石聆海声，那匆匆的蔚蓝就成了向往的源。

湖，是天湖，湖面开阔，烟波翠霭，纯净剔透、蓝中萦碧的湖水总会让泛舟的人儿想起那江南烟雨里最柔情的过往。

寺，是甘露寺，千年古刹，黛瓦红墙，宝塔伫立。寺前圣水池中，一袭白

**▼天马岛风景区喷泉**

天马岛气势宏伟，集泰山之雄伟，华山之险峻，秀丽奇伟，是历来观光者的游览胜地。喷泉的动与景区的静相结合，形成明朗活泼的气氛，给人以美的享受。

**▲临沂国际影视城**

这里既有"白墙青砖黛瓦,小桥流水人家"的江南建筑风格,又融入了鲁南地区的历史文化,使之成为"南中有北,北中有南"的影视基地。

衣、高约8丈、眉目慈和的圣水观音端坐莲花宝座之上,每逢泉涌,便凌波冉冉升起,颇是独特。

寺外山间,有大大小小的瀑布逾百,有的隐在茂林修竹中,有的悬在悬崖峭壁里,有的伴山丹红遍,有的若碧水倒悬,有的飞珠溅玉、急流湍云,有的则慢慢吞吞、潺潺花木,有的瀑悬银练、似双龙腾空,还有的水婉千回、跌宕奔雷,更有甚者,大瀑连小瀑,层层叠叠,浪卷千堆,竟若曲折了九天银河……林林总总,姿态万千,漫步其间,寻瀑寻幽,可谓怡然。

走累了,轻轻掬一捧山泉,送入口中,在甘冽尚未融化于唇齿时,逡巡四野,探探那千奇百怪的巉岩,却也算浪漫。

天马岛什么都不多,就石头多,大大小小的奇石错落在山、海、湖、林之间,或似人,或肖物,或朴拙,或玲珑,或连绵,棱角峥嵘,形态各异,尝有"十万巨石天外来"之象。长2999.9米、高599.9米的"华夏第一龟"更道尽了大自然的鬼斧神工、无限瑰丽。

## 高粱酒花香，红星万里扬

一串长长的脚印，愈远愈淡，天马岛褐色的浪漫或许原就只属于我们，所以，当绯红的夜空撩起一片橙橙的纱，心爱的人儿更愿意陪你一起在尘霜里快乐地酿酒花。

一部《红高粱》，火了一腔爱恨，全了一片热血，更成就了那段属于临沂影城的盛世情歌。

临沂国际影视城，是国内名列前茅的影视拍摄基地之一，占地300亩，虽处北国，却全然一派江南风致。白墙青砖、小桥流水、栗树参天、白云远遥，光影疏斜里，总洋溢着一种浑然天成的淡雅。

行走在城中，向左能见巴黎街的小资与浪漫，向右可观南国古城的宁静与安闲，向前有秦楼古祠独立西风，向后有徽派民居琳琅满目。倦了，坐上"乌篷船"，在热烈的情歌对唱中，顺水向东，琅琊八景、"蒙山"秀色、武林烽烟、黄沙古井、茶铺老街、峡谷幽情竟以一种巧致的方式缓缓地在我们眸底相融。待系舟登岸，路过"文革村"、横穿"民国街"、敲响"九儿家"的院门，与身边的同伴同醉"斗酒大会"，心中的酣然便也彻底发酵成了一次最幸福的体验。

转身影城，眸底若还有柔情辗转，那么，不妨到兰陵农业园去转转，在一帘幽梦中，赏情花、观紫茄，顺便抱一抱那单体净重300斤的美国红巨人南瓜，也妙趣天然。

回首望琅琊，琅琊山水长，最美的时光永远在路上，最美的邂逅一直在远方，而于你我而言，路上的临沂，或许，正是那最美的远方。

### 旅程随行帖

#### 王羲之·书圣节

王羲之，字逸少，东晋著名书法家，山东临沂人，有"书圣"之誉，被赞为"天下第一行书"的《兰亭序》便是出自他的笔下。

为了纪念他，每年9月，作为"书圣故里"的临沂都会举办书圣文化节，邀请国内外诸多书法爱好者共襄盛事。节日期间，不仅会展出名家的书法真迹，还会举办"羲之杯"书画大奖赛，只要你有兴趣，都可下场试试。若无意露锋芒，去逛逛王氏故居，参观下王右军祠，或者和来自四海的小伙伴们交流交流书法或旅游心得，却也不错。

*Heze*

# 菏泽，黄河晚渡牡丹娇

菏山之北，雷泽之南，如画的菏泽常用黄河滚落朝阳，凌云的唐塔总俯瞰着牡丹的多娇，古今的翰墨却终抵不过一片荒芜的黄泥岗。余晖下，画院里，恋恋回眸，却才恍然，原来，水浒的刀光一样能织成一片只属于伊甸的向往。

绿树烟雨间，繁花摇落，相遇菏泽，从不是偶然。

菏泽，古谓曹州，因位处菏山与雷泽之间，故名菏泽。

先秦时，这座位处山东省西南的古城便已翰墨流香，及至唐宋时期便愈加风标绝尘，待到今日，菏泽之盛更闻名北地，一时无两。它是中国著名的书画之乡、戏曲之乡、武术之乡，更因广植牡丹数十万株，被赞为"牡丹之乡"。

邂逅菏泽，漫步故道，花香水邑，柳重清荫，自别有几分芳华馥郁。

▼菏泽牡丹园

▲牡丹园里的粉荷将开未开，一只须浮鸥轻落花头，景致灵动唯美。

## 万态千娇朝霞破，红艳袅烟映素华

牡丹真国色，花开动京城，既已邂逅菏泽，又怎能不去曹州牡丹园看看牡丹？

曹州牡丹园，位处菏泽市牡丹区，是世界上面积最大、品种最全的牡丹园。每年清明细雨悠悠的时候，牡丹园中数十万株牡丹争相盛放，姚黄魏紫、欧碧赵粉，色彩斑斓，百态千姿，花叠红，叶涓翠，蔚为壮观。

溯着芳尘，登临彩绘雕栏的观花楼，凭栏俯瞰，九色牡丹掬春风、仰落月，妙舞翩跹时已将万斛春色织成了浓浓露华中的一派斑斓。东风过处，柳荫沙岸，繁花若海，"海"上千波，波澜起伏，各有绝色：那一片浓艳的红，袅着晴烟，一如蔚蔚云霞，蒸腾了别处艳阳；那万顷恬雅的蓝，拭着碧空，仿似水净烟波，镌刻了太多的素华；那映着月光的黄，灿灿然，灼灼然，千堆万卷，傲立"潮头"，端丽气象难掩；那千年不易的墨，如夜，如幽，冠世墨玉，百花俯首，深邃中透着一种淡淡的玄奥；那几丛淡淡的紫，簇簇恬静的粉，淡妆浓抹，却总相得益彰；抬望眼，蓦回眸，万千彩晕里，最夺目的却仍是那纤尘不染的白，袅袅娜娜，清高无瑕，剔透得让人沉沦；不过，若说无双，却还要属那一枝"冠天下"、隐约于海潮中的妖娆碧色，以及那复色双生、华而不俗的"二乔"。

若错过了花期，也无须遗憾，园畔的博物馆里，常有牡丹插花展，融融的温

159

·绝色山东，倾城岁月里的水色山青·

室内，也有无数或若绣球、或肖皇冠、或若蔷薇，姿态不一、色彩迥异的牡丹正等着与你相遇。

牡丹园虽然以牡丹而闻名，但园中却也不只牡丹一色，在错落的亭阁花海中，还间植着不少其他的花卉，碧桃、红荷、黄菊、月季、蜡梅、迎春、玫瑰等，纵便亲爱的小伙伴们不小心与渴望中的芳菲擦肩，四季辗转，却仍能与另一种意料之外的倾城不期而遇。

## 孙膑故里，水浒新城

挥一挥衣袖，转身处，故道余晖，夕阳万顷，油菜花早把金黄作了缎彩，柔柔春风里，孙膑旅游城里却唱响了一支不一样的歌。

孙膑旅游城坐落于菏泽市鄄城县吉山镇

▼孙膑旅游城里孙膑像

▼水浒好汉城郓城酒楼

境内，风光秀美，是菏泽最靓丽的人文地标，没有之一。

昔日，伏羲演八卦，以河图洛书推演周天星辰，成就河洛之道；兵圣亦以奇正之术，摹九宫，成八卦，书就不朽传奇。走进孙膑旅游城，飞檐半拱、青瓦琉璃、厚茅盖顶、古色古香、详述孙膑平生的纪念馆自然不容错过，不走走九宫八卦阵、不在"无魂山"里兴致勃勃地迷失一把更是遗憾难言。在八卦阵里转了个昏天黑地、晕头转向之后，到忆城寺去拜拜千手千眼观世音，去圆融湖畔静静地许个愿，再跑到荆轲墓前体悟一把传说中的"风萧萧兮易水寒"，此行，便也算完满。

之后，若怀旧之心未满，趁着兴致，悄悄溜到郓城水浒好汉城去逛一圈，也不错。

城不太大，但却真的栉风沐雨数百年，晁家庄的旧匾上还有烟熏火燎的痕迹；孙二娘客栈里，张青夫妻还在叫卖着香喷喷的"人肉包"；郓城酒楼，无数江湖豪客仍在肆意谈笑；古筝坊中，红袖佳人，清音袅袅；明伦堂内，书声琅琅，有鸿儒笑论古今；明清戏楼，一个个与水浒相关的故事正紧锣密鼓地上演。只不过，戏文再如何精彩，也终抵不过状元大刀那震撼绝伦的风采，一刀出，满堂彩，所谓绝艺，也不外如是。

## 唐塔说古今，书画有遗芳

一个人，一条路，人在菏泽，心随景动，无须起点，无须终点，徜徉在水浒的刀光里纵然可长歌淋漓，但令人最恋恋的却仍是那矗立天阙的唐塔。

唐塔，原名观音寺塔，始建于五代，是一座八棱四角楼阁式砖塔，塔分三层，塔顶有阁楼一座，小巧玲珑，乍一看，似与那庞然且方正的塔身极不相称，凝眸细看，却又颇见几分奇异的圆融与和谐。

盛夏黄昏，细雨纷纷时，常有数百云燕绕塔旋飞，啁啾声不绝于耳，燕影幢幢，映着斑驳古迹、碧树浓荫、绿水清漪，更是美不胜收。彼时，站在塔顶，任衣袂随风，倒是颇有种淫雨霏霏古塔边追古怀今的意境。

古今多少事，风雨起怀章，唐塔上望不断的风烟，沐着灯火阑珊，不知不觉就化作了古今园的平和雍容。

古今园在菏泽城郊，王梨庄内，原是菏泽王氏的私园，后被征辟。园子不大，却遍植奇花异木：百年龙爪槐蜷曲丛结、奇景天成；卓卓翠兰松，郁郁葱葱，似雾如云；悠悠黑牡丹，雍容华贵，笑傲芳尘；金丝吊蝴蝶，枝枝翡翠里，金线垂悬，有赤色"蝴蝶"翩翩而舞，一树写千奇，匠心独运；花荫下，古楼

▲ 曹州书画院

书画院的建筑既有传统的民族特色，又有现代的园林风格，院内藤廊、亭台、假山、喷泉、松竹斗奇，景观幽雅，宜书宜画。

◀ 菏泽唐塔

旁，用松枝编成的牌坊、狮子、老虎、仙鹤、猴子、城楼等更栩栩如生，不知攫住了多少人的脚步与幻想。

过客千般，花开总有花落，每一个邂逅了古今园的小伙伴，都会忍不住平生将盛景留住的愿望。如何留住？相机、眼睛、记忆？林林总总，却终不如一只画笔来得更诗意，更朦胧。

曹人自古多风雅，曹州书画院虽称不上是世界一流，但在国内却也盛名赫赫。

书画院占地1.6万平方米，藤廊九曲，楼阁错落，松竹斗奇，百花争艳，长400多米的碑廊画作丛叠，妙笔琳琅，一幅幅丹青翰墨于不经意间已将菏泽的山光秀色、花乡柳语尽数典藏。此外，更有《千字文》石刻慕古，《北大荒》版画歌今，无数书画精品琳琅，包罗百态不好说，却也能满足不少人的兴致与野望。

走出书画院，若对菏泽还有着太多的畅想，那么别犹豫，抓紧时间再去别处

Chapter 4 · 眷眷山东，回眸一望已倾城 ·

多逛逛也无妨。譬如，去仿山滑滑雪，去陵园瞻仰烈士，去百寿坊寻寻匠心，去浮龙湖划划船，去扑克博物馆斗斗地主，去碧海泡泡温泉，都可以。

人说，恋上一个地方，总需要一个理由，但真的是这样吗？不是！

恋上菏泽，原便没什么理由，也不需要理由，邂逅相逢时，亦无须刻意去追寻，走到哪里玩到哪里，便好。别忧心，别踟蹰，待你回眸，便会发现，你的足迹早已连成了一条最美丽的风景线。

**旅程随行帖**

### 菏泽斗羊

菏泽斗羊，为中华百绝之一，渊源极远，相传，最早因三分天下称枭雄的曹操曹丞相而兴起，之后，屡经兴废改易，现在，已发展成菏泽民间最富传统特色的民俗活动。每逢春节，菏泽辖下的许多乡镇都会举办别开生面的斗羊大赛。大赛分"自由式"竞技与"规范式"竞技两种，赛制为三局两胜。每逢大赛，十里八乡的斗羊爱好者们都会带着自己的爱羊蜂拥而来，比赛时，两只公羊头对头、角对角，砰砰连撞，凶悍热血，刺激非常，慕名来围观的人不知凡几，可谓民间一大盛事。

## 专题

## 咬掉舌头也要吃：山东美食大揭秘

流年似水，芳菲尽，雾雨多朦胧；佳期如梦，夜色新，水墨近倾城。

邂逅山东，悠然若梦。

崂山的杏花春雨不经意间便淋湿了郓城的青萝；南山的葱茏夏木恍惚中便遮住了招远的日暮；彩山的烈烈秋叶总轻和着曲阜的晚风；金山的皑皑冬雪亦常裹挟着沂水的平明……千万年来，山东，向来都是北国最得天独厚的地方，春秋剪裁，不知留下了多少动人的故事与传说。

相遇山东，赏美景，观山海，踏青赏花，原就是题中之义，待于静好的时光中，与万千鲁味相遇，浓浓的惊喜却早已满溢。

### 舌上山东，味蕾迷情

鲁菜，为中国四大菜系之一，源于春秋，兴于秦汉，自古便是"北食"名品，以咸鲜脆嫩著称于世，千百年来，一直备受北方民众偏爱。

受历史与环境影响，原本茕茕孑立于美食潮头的鲁菜已衍化出诸多的支系，如以海鲜为主的胶东菜、风味独特的孔府菜和以汤称绝的济南菜等。

作为北地饮食的代表，鲁菜名品数不胜数，但最广为人知的却还要属德州扒鸡。

德州五香脱骨扒鸡，为中国四大名鸡之首，源于禹城，盛在德州，以骨肉烂酥、色鲜味纯而闻名，轻轻地撕一条鸡肉，放进口中，慢慢咀嚼，那直透骨髓的鲜香委实令人迷醉不已。况且，德州扒鸡，色泽金黄，造型优美，且不论香与味，只色这一点，就足堪称道。

德州扒鸡盛，黄河鲤鱼

鲜，在鲁菜这个圈子里，扛把子其实很多，每个"山头"都有自己的"带头大哥"，如一品豆腐、奶汤蒲菜、红烧对虾等。

一品豆腐，是孔府菜名品，秉承了孔府菜"食不厌精，脍不厌细"的特点，制作考究，工序繁杂，每经雕琢，不余微瑕。做好的一品豆腐，色呈黄白，方方正正，入口微酥，待汤汁和着豆腐一起滚落喉间，那淡淡的甜、弹弹的滑、柔柔的醇香，恍惚之间，便攫住了所有人的味蕾。

除了一品豆腐，寿字鸭羹、翡翠虾环、燕窝四件、菊花虾包、海米珍珠、八仙过海等孔府名菜也都各具风情，不妨去尝尝。

不同于孔府菜的精，济南菜天生就带着一股豪放，色泽浓烈，鲜香逼人，无须细品，就已入醉，这其中，又以汤菜称绝。

奶汤蒲菜，为济南汤菜之冠，以乳白的奶汤调和蒲菜烹制而成，白中点绿，色泽淡雅，汤鲜菜脆，入口清鲜，只得两口，便已令人回味无穷。另外，奶汤鲫鱼、奶汤核桃肉、清汤柳叶燕菜、九转大肠、糖醋黄河鲤鱼、油爆鱼芹等也都是一时佳品。

山东是山海之邦，海产品丰富，胶东菜更以海鲜见长。红烧对虾，是胶东的家常菜，也是胶东最令人垂涎欲滴的美味。红中点金的对虾，肉厚、味鲜、色纯，经过烹煮后，再淋上浓浓的汤汁，既养眼，又美味，吃一口，满嘴生香。

对虾虽名品，海参亦佳

肴，胶东菜里，最闻名的是对虾，但小银鱼、海参、皮皮虾等也不遑多让，虾籽海参、烧蛎黄、清蒸加吉鱼、番茄虾、雪丽大蟹、梅雪争春、雪花丸子、溜黄菜等也都堪称绝品。

当然，除了三系名菜，鲁菜中的经典还有许多，譬如聊城武大郎烧饼、潍坊四喜丸子、淄博博山豆腐箱、枣庄辣子鸡等，一旦相遇，小伙伴们，切记不要将它们错过哦！

## 糕里糕外，回忆悠长

身为一个地地道道的"吃货"，纵负了时光，也不会与美食擦肩而过。

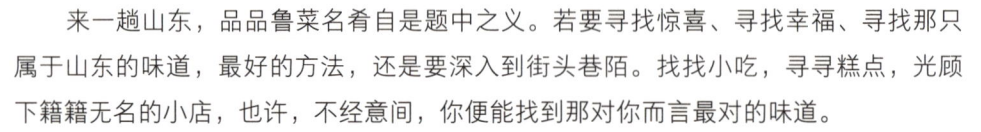

来一趟山东，品品鲁菜名肴自是题中之义。若要寻找惊喜、寻找幸福、寻找那只属于山东的味道，最好的方法，还是要深入到街头巷陌。找找小吃，寻寻糕点，光顾下籍籍无名的小店，也许，不经意间，你便能找到那对你而言最对的味道。

鲁地传统名吃、糕点、风味小吃繁多，味道不一，造型迥异，但最令人垂涎的却还要属高粱饴、周村烧饼、胶东花饽饽、青州蜜三刀。

高粱饴，又名饴糖，是一种以"弹、韧、柔"著称的软糖，口感细腻、入口微甜、清爽甘芳，为优质的高粱淀粉、白砂糖等经过文火细工熬制而成，纯天然，无添加剂，且营养十分丰富。岁月缝花时，它承载的永远都是鲁地孩童最甜美的童年记忆。

周村烧饼，是与高粱饴齐名的山东名吃，虽名为烧饼，但与我们印象中的烧饼却大相径庭。它薄薄的，酥酥的，仿佛一片金黄色的浑圆叶片，正面铺满白芝麻，背面罗列着酥孔无数，嘎巴咬一口，脆脆的，香香的，越嚼越香，一口连一口，几乎酥到了人的心坎里。

胶东花饽饽，和周村烧饼一样，也是享誉全国的一种山东名吃，名列山东非物质文化遗产名录。要说起来，花饽饽其实就是一种白面蒸的带馅的馒头，但因为在蒸制的过程中被捏塑成了各种地方味儿十足的造型，如寿桃、红鲤鱼、葫芦、刺猬、老虎、老鼠、兔子、福娃娃等，而别有几缕不一样的风情。

青州蜜三刀，花色较为单一，却是甜食中的名品，浆亮不沾、色泽莹润、甜蜜中氤氲着芝麻的醇香，捏在手里，软软的，吃到嘴里，却没有想象中的绵软，反而稍稍有一种韧韧的感觉。山东一地，单以蜜三刀而论，"隆盛"老字号出品最佳。有兴趣的小伙伴，不妨买一些尝尝。

花前独步千载，总能邂逅那不解的缘。或许，以上种种美食对你而言都不是最正确的那一味，但没关系，行走在路上，最大的惊喜，无外不期然的偶遇。或许，在某个转角、某个小店、某处灯火阑珊的所在，你终会与你期待的美味相遇，而在这种相遇来临之前，再品一品大虾酥、江米条、芝麻酥糖、糖酥煎饼、糖瓜、沂水丰糕、博山酥锅、武城旋饼、青岛大包等林林总总的山东美食，也是一种不一样的美好，不是吗？

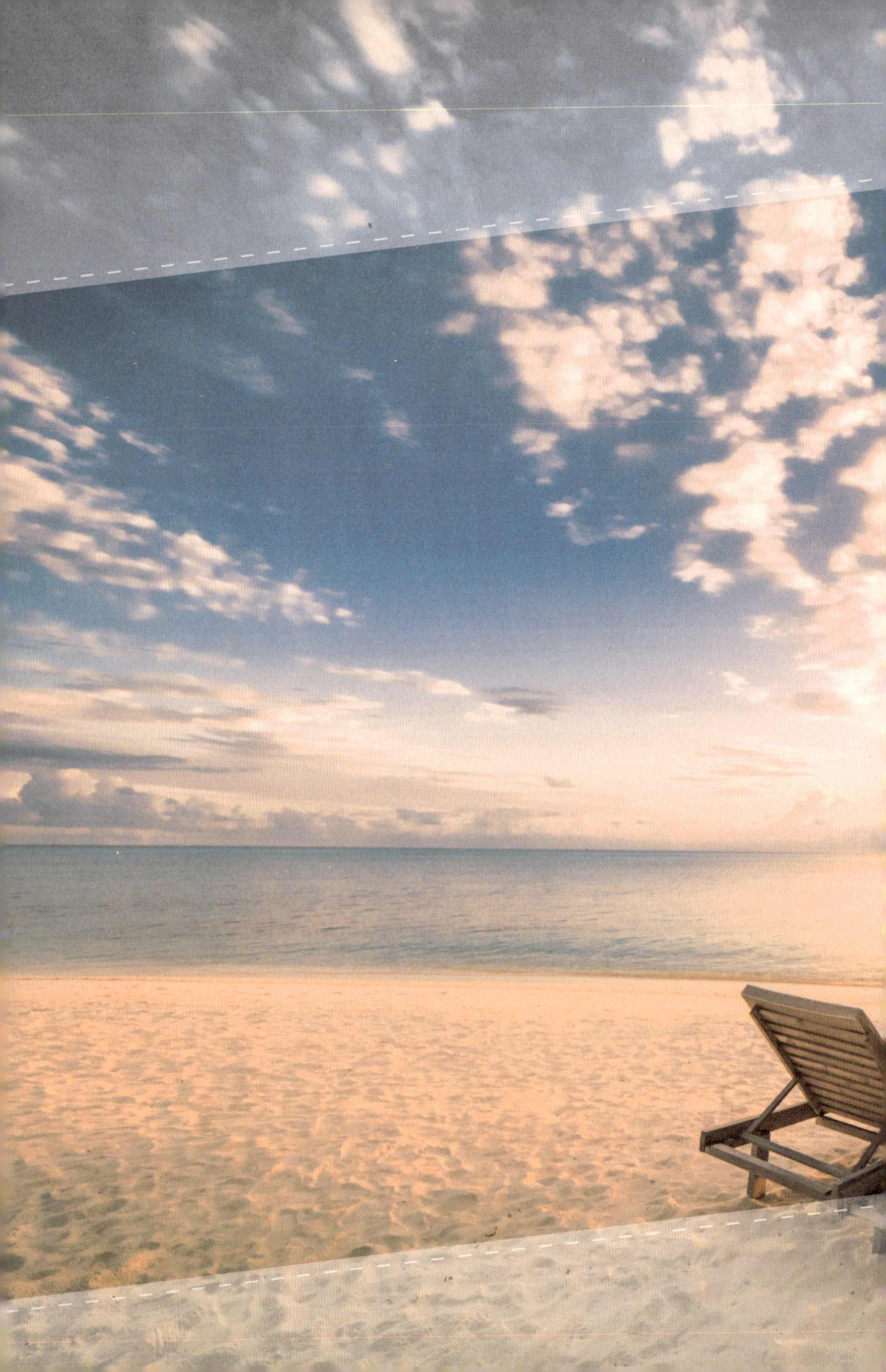

Chapter 5

水色山光，小城故事多

## Liangshan
# 聚义梁山，水浒一百单八将

"大河向东流哇，天上的星星参北斗哇，说走咱就走哇，你有我有全都有哇……"儿时，最喜欢的就是听着《好汉歌》，和"武松"一起去"景阳冈"上打"老虎"，那时候，只以为，忠义堂里的好汉们真的就是天上的星斗下凡，水泊梁山也不过是虚构，却不承想，原来梁山、水浒其实一直都在自己身边。

人生如梦，梦却有千般，总做美梦不可能，总做噩梦太悲催，由是，偶尔做做美梦，不时做做噩梦，平时根本无梦，或许才是最真实的生活吧。

梁山，算不算一个梦想中的地方呢？

也许算，也许不算。

对喜欢《水浒传》、喜欢好汉文化的人来说，这座位处鲁豫交界处的小城就是天堂；对喜欢武术、喜欢热闹的人来说，民风彪悍、民俗活动丰富的梁山也是说走就走的首选；而对喜欢安静、喜欢慢节奏的人来说，常伴"景阳"虎吼，总有"壮士"长醉的梁山，就未免太侠气了一点。不过要说起来，任侠、豪爽、仗义也恰是梁山最可爱、最真实的一面；毕竟，别看咱只是个小县，可随随便便拿出一座山，数吧数吧，就有猛将一百单八位啊！

## 三关六寨，一百单八将

每一个地方，无拘大小，都会有一个自己的形象代言，譬如，潍坊的风筝、济南的大明湖、龙城的恐龙，又譬如，梁山的梁山。

八百里水泊，巍巍一梁山。梁山，商周时便有先民耕织渔猎，汉时，梁山被辟为皇家猎场，后因梁孝王喜猎于

▲峻拔雄浑的梁山

◀梁山古寨

此并归葬山麓，遂易名梁山；唐时，梁山成为佛教圣地，莲台寺香火鼎盛；至宋，宋江义凭天险，啸聚天下英雄，黄沙热土，谱写了一段独属于"水浒群雄"的传奇，自此，梁山与水浒便结下了800年沧桑不变的情缘。

　　梁山不高，有四峰七脉，绵延横亘，铺红叠翠，崛起于一望无垠的原野之上，峻拔雄浑，似直欲弥霄汉。梁山不广，有三关六寨，丘峦起伏，借亭阁之错落，却也展开了一片辽阔的天地。梁山不丽，纤而精致，四时之景不同，东西

· 绝色山东，倾城岁月里的水色山青 ·

及时雨宋江

**▲宋江画像**

宋江是《水浒传》中的人物，因身材矮小，面目黝黑，人唤"黑宋江"，在一百零八将中稳坐梁山泊第一把交椅。

之风迥异，北望有秀色迤逦，南望有雄险天成，东西沟壑万千、深幽独翠，顶上平冈，起伏之间更可见苍荫重重，格外明媚。

拾108石阶，一步一观，漫游梁山，抬望眼，可遥见"水泊梁山"摩崖真迹，走近了，才发现细细松声、荫荫柳影下，断金亭仍氤氲着江山秀色。屹立亭中，凭栏俯瞰，蜿蜒迤逦的马道上似还能见宋江梦逐白龙驹的飒飒身影。郝山峰顶，元宝状的疏财台畔也好像还有36位天罡悠悠环坐，大秤把金银分。分罢财宝绫罗，转身松柏间，快步过前寨，狰狞奇险的黑风口外，莽李逵正持斧而立。梁山古寨，忠义堂里，好汉们正兴致勃勃地观赏着那巨幅唐三彩陶画《梁山泊英雄聚义图》，似是想要看看，有谁没有入画中。看了半天，也没看出个所以然，正悻悻间，后寨里却陡然有渔鼓之声响转，匆匆奔去，才发现，是水浒情景剧即将上演。"好汉迎宾""真假李逵""武松打虎""杨志卖刀""燕青打擂"等，一幕比一幕精彩，不过，若论最精彩、最神乎其技，还要属"花荣射雁"，君不见，即便时至今日，古寨中仍斑驳着射雁台吗？

## 路见不平一声吼，该喝酒时就喝酒

领略过水浒雄风，做了一回真好汉之后，若思古之幽情不散，去后寨瞧瞧帝子碑，到雪山峰去瞅瞅莲台寺的春花、法兴寺的夕照，却也不错。不过，拜佛寻仙、花影缠绵什么的，可不是英雄真本色。咱们好汉子，就得寻一二好去处，大口吃肉、大碗喝酒，求一个淋漓痛快。

啥？你问好去处在哪？那还用说？当然是水浒酒文化体验馆了！

水浒酒文化体验馆就在水泊梁山脚下，徜徉馆内，就仿佛穿越千年、重回了那个江湖风云激荡的年代，若换上一身宋时冠带，是真是幻，便也难辨。漫无目的地游逛在青石板铺砌的古街上，嗅着酒香，左顾右盼，卖炊饼的武大郎刚刚从身旁走过，卖脆梨的小郓哥儿和卖杂货的小货郎就撞了个满怀，跌了个屁股蹲儿的货郎还没来得及叫骂，就被那风情万种的潘金莲攫住了所有视线。她袅袅娜娜、缓步而行，时不时地看看街边打锡壶、剪纸花、吹糖稀、展陶艺的艺人，好奇之下，还请白胡子老匠人为自己捏了个泥人。等她走远了，货郎才回过神来，匆匆离去，浪子燕青从他这儿订了一支箫，说是要和京城名妓李师师合奏一曲《高山流水》呢。撞了人的小郓哥儿却早不见了踪影，他得去水浒酒楼，给正在喝酒的武二郎报信！后事如何，恨不得追上去瞧个究竟的你懵然不知，因为，鲁智深、林冲已经把你拉进了朱贵和顾大嫂开的酒档，要和你喝个痛快。

好汉相邀，怎能推拒？怕结账的时候露怯？没关系，体验馆里有专门的铜钱、银两兑换处，便宜实惠。兑完了银两，和三五好汉一起，到酒档里去沽几坛好酒，切几斤牛肉，撸胳膊、挽袖子、纵情豪饮，又岂是一个畅快了得？微醺之际，若你对自己的才华足够自信，还可以效仿宋江，挥挥毫，泼泼墨，吟吟诗，作作曲，兴致来了，还能现学现卖地划划拳，行行酒令，再不济，也得参观下水浒酒窖，偷窥下前人酿酒的技艺，若是能学上一二成，说不定，亲爱的你也能变身酒神，酿几坛佳酿，到时候，水浒里的好酒，什么玉楼春啊，

▶ **水浒酒文化体验馆**
体验馆依照《水浒传》原著描述进行场景复原，再现了北宋时期的特色风土人情以及水浒英雄的豪迈情怀，在这里游客可以亲身体验宋代的酿酒流程，品尝独具特色的水浒美酒。

▶ 搏斗的斗鸡

蓝桥风月啊，透瓶香啊，都得靠边站。

## 斗鸡斗羊，"好汉"来相聚

明月松间照，清泉酒里流，邀三五好友，淋漓大醉一场后，跟跟跄跄地走在街上，迷迷糊糊地盘算下行程，顿时大呼误事，再不走，可就错过了在贾堌堆看斗鸡、观斗羊、光着膀子唱山歌的大热闹了。

贾堌堆是一座古老的村寨，位处梁山县大路口乡，村子不大，但"寨文化"气息十足，茅屋错落、老树虬结、夕阳旧屋、巷道幽深、小院古井、坑塘鳞次，偶尔还能看到几盘石碾、几个陶罐，寨西的龙山遗址，斑驳中更透着几许远古。

春夏时节，绵延三百亩的花海里，蓝紫色的薰衣草常用微风将金黄的向日葵摇曳，蜜蜂簇拥着粉蝶，挂在绿叶间，舞在蕊瓣里，欢快得不得了。待到东风吹、战鼓擂、年节至，寨子的画风陡然转变，十里八乡的村民会聚一堂，赶年集、写春联、置年货、听大戏、捏面人、放花炮、赏花灯，热闹非凡。"浪里白条"们更早早地就光膀子下水，在金水湖里开始了大扫荡。秀才大院的"酸"书生们没这气力，但吟诗作画、写春联、猜灯谜却是拿手好戏。大姑娘、小媳妇们爱花哨，没事逛逛花海、摘摘草莓，一颦一笑间，倾倒了艳阳，却始终都无法让那些正在欣赏斗鸡、斗羊比赛的"英雄豪侠"移开眼帘。

斗鸡、斗羊是鲁西南民间最具古味的民俗活动，尤以梁山最盛，每逢节庆、集市，斗羊爱好者们就会齐聚一堂，伴着青山绿水，来一场"斗羊"界的"贾堌论剑"，两羊双犄相撞，砰砰声连绵不绝，每当一羊前蹄扬起，周围的看客们都会跟着把心提起，一次次的拼斗，纵便还没分胜负，热血却早燃透了胸腔。

斗鸡，没有斗羊那么热闹，但"厮杀"起来却更激烈，为了胜利、为了获得心爱的"花花"的青睐，鸡勇士们全都使出了十八般武艺，踢、啄、撕、踹、扇，舍生忘死，不战到最后一刻决不罢休，那种一往无前的气势，委实令人动容不已。

古寨斗鸡羊，福鱼茅野香，作别贾堌堆后，若向往仍流淌成河，去青堌堆约会"猿人"，顺便，再将"水浒"里所有的美食都打包收进囊中，倒也不错。

▲斗羊

兄弟一生一起走,那些日子多长久,一句话,一生情,一辈子,一杯酒!相遇梁山,不见雪月风花,没有阳光如海;踏步水泊,饮酒高歌,个中感动,满腔热血,却值得用一生去铭记,去坚守。如是,尚不足否?

**旅程随行帖**

### 梁山美食

水泊梁山,山美、水美、人美,美景不可辜负,美食更不可辜负。

梁山县的特色美食有很多,最闻名的是"水浒英雄菜",譬如武大郎烧饼、"好汉聚义"锅、金莲扣碗、七哥烧田螺、时迁盗鸡、水泊糟鱼、智深狗肉、孙二娘大包、张顺红尾鱼等,有机会到梁山的话,小伙伴们一定要去尝尝,味道真的很好。

*Juye*

## 金山春晓，巨野洞中天

金山春色旖旎，梵塔朝晖夕阴，即便单调的灰褐才是溶洞最原始的底色，如丝的细雨却仍伴它一起滴落了永丰塔；会盟地，流转的不仅仅是历史的烟云，多彩的人生，或许才是巨野最本真的一面。

◀ 金山不高，格外小巧，但山上林木繁茂，涓流不竭，景色秀丽。夏日，放眼望去，绿意盎然，松涛宜人，素有"天下之中第一山"的美誉。

Chapter 5 · 水色山光，小城故事多 ·

  巨野，古名大野，因鲁哀公在此"西狩获麟"，是以又名麟州。它东依孔圣故里，西临牡丹之乡，山水连绵，风光独具，更因近圣人、沐玄歌，文化昌荣、艺术芳馨，是鲁西南最富诗韵词风的一片绿色沃土。

  悠悠岁月辗转，秦汉的烽烟总抵不过唐宋的流连，多少年过去了，纵便曾有过坎坷、历过苍凉，今日的巨野却也早已脱胎换骨，重焕荣光，不仅是山东旅游名县百选之一，还是中国最具品牌建设发展潜力的县城，科技进步，经济繁荣。

  和其他山水绝丽的城埠一样，巨野的空气中也总弥漫着一股淡淡的清甜气息。漫步巨野街头，无论是永丰塔不落的晨曦，还是夏思源淡淡香甜的糕点、小店内美得让人瞠目结舌的彩蛋，自然而然地都氤氲着一种齐鲁故地、瑞气千盘的厚重意味；尤其是集巨野一地英华于一身的金山，尤为钟灵毓秀。

## 云开春色晓，雨滴洞中天

  想你一次，东方洒落一片金；念你一次，云里盛开一点红。于是，那片片的金，那点点的红，便悄无声息地织成了金山最妖娆的风景。

  金山，是巨野最得天独厚之地，位处县城东南，因曾有人于此凿石获金，故以金山命名。

  在巨野嵯峨的群山之中，海拔133米的金山格外小巧玲珑。山上，林木茂

177

**▲秦王避暑洞**

洞室整体结构布局严谨，石壁如劈如削，令人惊叹，千古奇观，胜地佳境。

密，涓流不竭，人文古迹众多，向以"清、奇、明、芳"闻名于世。踩着散落在羊肠小径上的几片黄叶，一路攀缘向上，可见"南天门"巍然云天、王母阁华彩花间、泰山祠金碧辉煌、魁星阁依山傍崖、三圣殿沐雨朝晖、牛王庙古朴拙雅、神水泉潺潺淙淙、玉兔洞洞含幽奇……大小逾20处景观，处处琳琅，别具一格，特别是西南半坡上的秦王洞，更汇集了金山半山之胜。

秦王避暑洞，在金山之南，又名金山洞。据考，此地原为昌邑王刘贺生前为自己营建的墓冢，但因其客死他乡，不得归葬，墓冢也最终荒废，成了藤萝野木、山花暗泉的乐土。

迤逦徐行洞中，举目四观，依稀能窥见昔日王家的盛荣，主室奢华、侧室巧致、耳室清雅、明道平阔、甬道轩朗，林林总总，尽都形制规严，颇显王公气度。此外，洞壁石罅，常有清泉涓涓而落，天光云影，自疏隙之间徘徊，霞映苍绿，藤曳古香，一时多少清明，也无怪时人尝以"云开山上地，雨滴洞中天。径窄藤萝没，崖高日月悬"盛赞于它。

洞中凝碧色，履下染烟霞，自秦王洞一如泼墨山水般的意韵中脱出之后，随意寻一小亭，本想在啁啾鸟鸣中小憩片刻，转瞬，却已陷入暖得醉人的阳光海里，不觉酣然入梦，待梦醒，晨曦恰恰初露。如烟似纱的薄雾里，山间小路蜿蜒，翠生生、点着几抹新绿的小草抖落了一片碧色；烂漫的山花半抱娇羞，掩嘴将云边的蔚蓝调笑；沁着花香的崖壁间，小溪呢喃着晓木，朝霞轻染，金蓝翠红，和着东风，蓬勃生动。金山春晓，朝依晨露，净秀天成，果是名不虚传。

## 梵塔映朝晖

淅淅沥沥，当金山的细雨漫过朝晖，当秦王洞的藤萝沾染了霞露，被淋湿的永丰塔竟在不经意间绽开了另一片荒古青尘、繁花碧落……

永丰塔，始建于后周，成塔于北宋，翘首千年，屹立不倒。

相传，昔年托塔天王李靖将神赐宝塔一分为三，掷落人间，永丰塔就是其中最重要的塔身部分。永丰塔不高，仅5层31米，为八棱等边四门楼阁式砖塔，塔身苍黄，颇见斑驳，塔顶有一伞状阁楼，青瓦灰墙，庄重古朴。塔心室中，有七块佛陀造像石碑，雕工精美，惟妙惟肖。塔外，南北各有一方塔记石碑，造型古朴，简明大方。

初秋的清晨，伴着天边第一缕曙光登临塔顶，悠悠远望，一望无垠的碧野上群芳竞秀、万木葱茏，淡淡的朝霞辉映着因露重而微坠的叶片，赤橙黄绿青蓝紫，七彩辉光在阳光下曼落如雨，云霓辗转，"雨"下的宝塔不觉之间便成了苍穹晴蓝之下最美丽的一道风景。

## 春秋多会盟

转身永丰塔，疏斜的光影轻轻弹

▶ **永丰塔夜景**

永丰塔是一柱形亭式建筑，由木柱架起，青瓦覆盖，仿佛一把雨伞罩在正中。夜晚，在灯光的映照下，远远望去，更显庄严古朴。

· 绝色山东，倾城岁月里的水色山青 ·

▶ 齐鲁会盟蜡像

动最多情的流云，不多时，一曲古老的笙歌便缓缓洒落了故城最孤独的藤萝。

沧桑满眼，毕竟过眼云烟，待雨后天晴，城郭依稀早化风，唯留怅惘无数重。彼时，怀着一种无法言说的心情，转道齐鲁会盟台，似乎也成舒缓心绪的最佳选择。

齐鲁会盟台，在巨野县西南大李庄村境内，高2米、宽24米、长34米，原为春秋时齐鲁订立攻守同盟之地。台子不大，形肖覆斗；台上，有翠树几枝、烽火台一座，灰瓦红墙殿宇一座，殿内，供奉彩塑神像三尊；台侧，有石碑数方，镌录会盟始末；碑畔，杂生花木几丛，无赫赫扬扬之盛，却也有七分简淡的美感。对春秋文化、齐鲁历史感兴趣的小伙伴们倒可以去走走逛逛。若无兴趣，却又多闲暇，和同伴去荆树堂撒个欢儿，去屏盗碑旁看个新奇，也没什么不好。

选择巨野，一万个人有一万种理由，但相遇巨野，一万个人却只有一个念想：终老于此，此生无悔。由是，踟蹰中的你，还有什么好犹豫呢？亲爱的，让我们一起向着巨野出发吧！

**旅程随行帖**

### 巨野彩蛋

巨野是中国闻名遐迩的"绘画之乡"，民间翰墨之风极盛，工笔牡丹精妙绝伦，山水花鸟彩蛋更巧夺天工。

彩蛋，顾名思义，就是民间艺人们在鸡、鸭、鹅等各种禽类蛋壳上以细腻精湛的笔法作画。画的内容不一，有山水人物，有花鸟虫鱼，有星河日落，有楼宇亭台，有庙堂广厦，素材万千、色彩斑斓，观赏与收藏价值极高。细细数来，山东省内各县市琳琅万千的特色传统手工艺品中，能与之争胜的，也着实不多。

# *Laizhou*
# 莱州，月季花开的日子

传说，3000年前，因为悄悄藏起了云峰的落照，月季仙子被谪落凡间；岁月辗转，神仙洞里，她清清冷冷的倩影已经不在，三山岛外，那寒寒凄凄的泪却仍泛着荧蓝；她心心念念，只想人间月季芳菲绽，却不料，花开四月里，引得道士谷的道士，仗剑出山，径奔莱州！

莱州，位处山东省东北，背倚大基、凤凰、大泽、游优群山，怀抱三山岛、虎头崖、刁龙嘴、海庙后诸湾，坐拥山海之丽、河湖之秀，海岸绵长，物产丰饶，为鲁地名埠。

莱州不大，农林业、手工业发达，盛产花生、苹果，以玉雕、剪纸、草编闻名，更是国内闻名已久的月季之乡。走进莱州，街头巷陌本就是最天然的风景。站在桥上，转目向东，那一栋栋矗立在碧海繁花间的洁白小楼、一丛丛盛放在云端的浪漫绯红、一支支雕琢着岁月的叶锋狼毫更将整座小城默然镶进了画中，画之最隽，在寒同。

## 从前，有个神仙洞

寒同，是深深铭刻在莱州骨血中的缥缈，不属人间。

绿屏开处，翠色如新，满山的秋叶，一地的彩蝶，向阳开处，最烂漫，不过神仙洞。

寒同山因神仙洞而闻名，神仙洞亦因寒同山而绚烂，千秋万载，相拥相守，不离不弃。

或许，是云峰的峻拔太过显眼；抑或，是大基的翠色太过妖娆；由是，那深慕道家缥缈出尘之风的长生子在途经莱州时才选了城东南8000米外的寒同山作为炼道修真之地。

寒同山，又名神山，西连云峰，北偎大基，山势平缓，谷壑幽深。山间，有巉岩万千，连嶂竞秀；有小径苍苔，平望连云；有古树白云，迤挂长虹；有瀑布流泉，银练横斜；有峭壁青萝，万壑松风；有枫林数里，深红若火；更有神仙六洞，遗道长生。

寒同是一座造型奇特的凹状山峰，峰峦厚重，静穆端秀，神仙洞就在寒同山阳的巍巍巨崖之上。相传，乃是"全真七子"之一长生子刘处玄的弟子宋德方所凿，因洞开之前，云雾罩山40日，雾散神迹方显，是以，时人谓之为神仙洞。

神仙洞错落有六，分上下两层，上四洞为长春洞、虚皇洞、三清洞、五祖洞，下二洞为真官洞、刘祖洞，洞洞幽秀，壁映琅嬛，洞内共有大理石石雕36尊，尊尊莹白，造型圆润，明畅的线条割裂着历史的尘烟，沐着云岫烟岚，倒真有几分缥缈的仙家气度。

神仙六洞中，最阔大、最辉煌、最幽静、最清奇的是三清洞。洞不太深，仅8米，洞顶藻井，深雕浅琢，巨型云龙横空，龙畔腾云，隐隐似有星河摇曳，浩瀚深远，犹若天阙。天阙重云，高台之上，有三清端坐，太清太上、玉清元始、上清灵宝，皆博衣广带，道髻高簪，目湛神光，面色端严。三尊座下，有求道者八，或盘坐，或静立，或冥思，或沉吟，形貌各异，神情万端，颇显传神。

距三清洞不远的长春洞，本是长春子丘处机坐观修真之地，洞内简朴，褐壁古拙，形制雅淡，内有道祖陈抟卧像一尊。那"陈抟"，道冠丛云，道袍微松，双目深阖，合掌托腮，睡梦微酣，形若真人，惟妙惟肖。

另外，刘祖洞、五祖洞、虚皇洞、真官洞中也各有石像数尊，皆为雪色大理石雕琢，或虔诚，或安闲，或威严，或端庄，丰姿虽迥然，却皆线条明畅、神工巧致，令人叹为观止。

## 燕子回时，云峰自来

天上的斑斓透出了云端，神仙的奇秀总不过流岚，拾一片红枫，看花开花落，作别寒同，无须燕子回时，云峰便已近在眼前。

云峰山，位处莱州南郊，又名文峰山，与寒同山相去不远，海拔约300米；山有三峰相连，中峰奇崛兀立，东西两侧峰低矮玲珑，远远望去，峰峦正盛，犹若笔架，是以又名笔架山。

山不高峻，却有无数怪石嶙峋，石间崖上，常能聆松涛、观日落，5月初夏，洋槐花开的时候，更有绿海白浪、千朵万朵丛簇如雪；彼时，骑着单车，载上暗恋了好久的她，趁天光正好，一起去丈量林间的幽芳、山巅的白雾，顺便再采几片还捧着露珠的枫叶回去做一双书签，着实是甜蜜满满。

骑累了，随意找一方青石坐下，掬两捧清泉洗洗脸、润润喉，然后拨弄石后丛生的野草，或许，看不到调皮的青蚱蜢，约不到双飞的黄蝴蝶，但那斑驳着霜冷苔痕的残石碑刻却依旧令人惊艳。

云峰山上，总共有历代刻石37处，石刻大小不一，皆错落于山间崖壁密林之间，其中，尤以郑道昭摩崖真迹17处最为人称道。郑道昭，是北魏书法大家，被尊为"北圣"，与王羲之齐名，其书兼具隶楷之长，方圆之间，尽显刚劲雍容、飘逸浑厚之风。511年，时任光州刺史的郑道昭登临云峰山，留下题刻几多：《郑文公碑》《观海童诗》《论经书诗》等皆闻名遐迩，为海内外学者文人、书法名家推崇不已。每年慕名前来观摩、拓片者络绎不绝，驻足于斯，击节赞叹，久久不愿离去者更不知凡几。

## 泠泠泉鸣，大基幽秀

书生仗笔，佛陀拈花，广目有云天，和云峰订下"三年之后，不见不散"的约定后，若还想探芳寻幽，倒不妨到大基山走走。

莱州东南，有山形胜，峻拔巍

▼云峰山郑道昭雕像　▶云峰山

▲ 大基山

峨,群峰连绵,迂转成环,环分日月,太极中天,有万树凌霞、千红争春,洋洋郡之甲胜,赫赫道教名庭,声闻遐迩,名曰大基。

大基山,为东莱道教祖脉,全真遗秀,自先秦至清末,尝有道士餐风饮露,栖居其间,司马迁谓之为"皇帝会神之地",堪沐造化。山中林木繁茂、崖壁嶙峋,有百里道士谷,峡飞丹云;谷内,泉流淙淙,溪涧纵横,错落有道教遗迹数十;其中,谷东百花坡上有一泉,泉下有一池,泉流石隙之间,滴碧凝青,水落池中,泠泠然若雏凤初鸣,声音清越,最是动听。

顺泉流迤逦向东,泉过乱石,玉渍珠激,铮铮独秀;水出西南,绕林蜿蜒,水畔林中,自有无数道观宫阁错落,大气磅礴的昊天观、清幽静谧的先天观、古朴沉厚的圣水祠、飘逸出尘的太清宫等,皆风光怡然,道韵天成,蔚为神秀。

此外,在大基山上,还有历代摩崖石刻24处,包括《登大基山诗》《中明之坛》《青烟里》《玄灵宫》在内的12处为郑道昭真迹,还有几处是郑道昭之子郑述祖的题刻。

大基巍巍碑林,隽秀脱俗,虽不若云峰刻石般闻名,但时走时观,走走看看,兴致来了,拿着树枝在茵茵芳草地上仿写几字,却也是一种浪漫。

## 三山岛外,月季花开

尘满面,鬓如霜,紫霄天外话沧桑,转身看月明,独歌笑落花,离了苍莽的道士谷,自还得到中华月季园去看看。

中华月季园,在莱州南郊,云峰山北麓,是一座小巧玲珑的开放式街心公

▲ 中华月季园月季仙子

　　园。园内，小桥流水，亭阁错落，月季仙子衣袂翩翩，俏立在以环路雕琢的"月季"中间，身畔，有二十四节气景观柱争芳夺艳，四周，还有大片大片盛放的月季装点着霓裳：红双喜一花双色，脉脉含笑；银禧金粉相映，花色饱满，优雅若贵妇；蓝月淡蓝紫紫，神秘高贵；金玛丽色泽灿然，富贵大气……眸光流转处，花开万般，五系七色，彩韵斑斓，绝美而惊艳。

　　火色的娇颜最叹息，莱州的烟云应不远，初秋9月，水清沙白的时候，邂逅鲁东古城，走进莱州，或许，一片彩林语惊鹊，我们，还能与月季仙来一场情理之中、意料之外的不期而遇……

### 旅程随行帖

#### 莱州旅游注意事项

　　邂逅莱州，山海有雍容，踏花寻幽，观山望潮自是美好，但人在路上，却也要多注意：

　　1. 莱州月季有300余种，占尽四时，几乎全年盛放，但要赏玩月季，最好还是在5月。每年5月下旬，月季之乡莱州都会举办月季花节，彼时，也是月季花开得最好的时候。

　　2. 莱州是山东粮仓，物产丰饶，海货更是一绝，尤其是被誉为"莱州四大名鲜"的文蛤、梭子蟹、大竹蛤、对虾，味道更是鲜美，到莱州玩的朋友，一定不要错过。

Chapter 5 · 水色山光，小城故事多 ·

## *Haiyang*
## 海阳，万米沙滩是怎样炼成的？

水清沙白？峰险谷深？社寺丛聚？恬静平和？与海阳擦肩之前，作为一名资深的旅游爱好者，难免自告奋勇地想要给海阳下一个定义，但当真正与海阳相遇，却才发现，原来海阳的唯美，本就是一种定义。

海阳市，位处山东半岛东南部，东接乳山，西望即墨，南临黄海，北连栖霞，山海旖旎，风光绮秀，既是闻名鲁地的旅游名城，又是闻名华夏的民间文化艺术之乡。连绵起伏的云顶山以青扈独翠、泪染潇湘的亭竹撑起了"北国第一奇观"的盛荣；雄奇险秀的招虎山千年来一直暗恋着那煌煌的杜鹃；梦达寺的禅钟震响了东方的琉璃；千里岩岛，猎猎的风卷起了墨蓝色的浪漫，雪白的浪花里，裹挟的却唯有那明媚了千年的如海阳光。

### 阳光如海，万米沙滩炼成记

一米阳光，明媚已若艳阳，若一片沙滩，偷偷地截取了阳光万米，那般盛景，又该是何等的盛大堂皇？

想知道？简单！撒欢儿直奔万米沙滩就是。

万米沙滩，位处海阳之南，黄海之滨，顾名思义，滩线曲折，逶迤逾万米，远远望去，便仿佛镶嵌在碧蓝色翡翠上的一条金色飘带，芊芊然，翩翩然。朝晖夕阴，橘红色的日光漫洒时，驻足静观，无声间便已被那不泯的壮美点染。

万米沙滩的沙，不是灿然的金黄，而是一种洗尽铅华之后的土黄，黄得并不深邃，但丛聚在一起却很灼目。光着脚丫，一脚踩上去，丝毫不觉粗粝，反而有一种踩进了粉雪中的绵软感觉，偶尔觉得硌脚，可别犹豫，赶紧俯下身，轻轻扒开脚下或厚或薄的沙，说不定就能收获一两片奇形怪状、色彩诡谲的彩贝；彼时，若你能拿出彩笔，认认真真地写一句"I love you"在贝壳上，双手捧给心爱

▲ 海阳掠影

◀ 海边日落

的人，毋庸说，铁定能换回一腔满满的深情。

　　情深缱绻后，躺在沙滩上，老老实实地被阳光"调戏"几次，自是一种惬意；安闲之余，用手指逗弄逗弄迫不及待地跑出来的小螃蟹，或一个人静静地听听风声，听听水声，听听林涛声，听听鸟鸣声，却也不错。

　　歇够了，兴冲冲地去海里撒个欢儿，和"小尼莫"来次亲密接触，再和珊瑚相互拥抱道别，然后，和"小黄鸭"一起仰卧在

▲招虎山

波浪微微起伏的海面上晒晒自己，倒也挺有趣。不喜欢游泳、浮潜的话，租个船去冒充一下"海上蓑笠翁"，去略远一些的海域找一找"太公垂钓"的感觉，抑或邀约三五同好，来一场沙滩排球友谊赛，其实亦蛮好。

## 海浪叠山，濯濯排空千里岩

打过球，潜过水，并在伪装成大海的阳光里舒舒服服地打了一百个滚之后，溯着海浪，一路向前，向往中的千里岛很快便赫然入目。

偎依着汤汤的渤海湾，背靠着深秀的招虎山，岛屿对海阳来说，其实并不稀奇，但若千里岛这般峰峦绮净、四季浪涛的小岛却也颇是罕见。

千里岛，又名千里岩，岛屿极迷你，面积仅1平方千米左右，岛上两山孤峙、怪石嶙峋，夏秋季节，常有数百种海鸟栖息徘徊。北风起处，更有一树树山茶傲然怒放，万里冰封处，绿水点红花，娇颜映雪，气度从容。

大概是那妩媚的山茶开得太过热烈与鲜红，一个不经意，便惹恼了清风，以至一年365日，时时浊浪竞排空，伫立岛上，常能见白波翻滚、巨浪汹汹、风急浪湍、漫"雪"叠山。越潮头，举目四望，同一时刻，不远处的海域却还云帆碧

水，一片晴岚，动静之间，浪卷浪舒，个中胜美，委实难言。

另外，千里岛上，还有不少浑然天成的奇妙景观，如东阳仙洞、仙人脚痕、天门阶、天桥吞舟等，若是登岛时正值初晨，去海边看看日出，领略一番金乌腾海、金虹卧波的壮阔，再回过头，就着朝霞，吹着海风，品一品海阳的大樱桃，倒也绝妙。

## 招虎云顶，林山滑雪没商量

奇石清潭布谷秀，云表回望林中荫，千里岩的风急浪湍固然令人流连，招虎山的龙门深壑、峡谷峰回同样引人遐想。

招虎山，位处海阳北郊，连绵起伏的峰峦纵列交织，因有仙人驯虎化石而得名，奇峦怪石，千屏叠翠，松林花谷，馥郁留香，溪河泉流，迂石低语，风光一派独好。

主峰石崮顶，为海阳第一高峰，峰顶浑圆平旷，挺秀峻拔，土黄色的山岩疏草间错落着点将台、聚义厅、古寨墙、瞭望哨、石碾、旗杆石等昔年抗清义军屯兵的遗迹若干，峭壁悬岩、山林沟谷中也偶尔能捡拾到一些当年留下的铜钱、矛头、铁箭或者锅碗瓢勺的碎片。

·绝色山东·倾城岁月里的水色山青·

▶ 林山滑雪场

主峰畔不远，有一深峡，名龙门。峡谷幽静，奇石嶙峋，元宝石、抚琴台、翡翠石、守山鹰、影碑石等林林总总，错落有致。龙门湖、黄龙滩、卧龙湖更如三块绝美的绿色宝石般镶嵌在曲折的谷地之中，远望苍莽疏旷，近观却颇有几分奇美净秀，尤其是前行似无路，柳暗忽花明时，那种一望豁然的明朗感，委实令人惊喜不已。

循龙门一路迤逦向西，淡竹林竹影婆娑，清幽淑丽；观音峰秀丽婀娜，绝美悠然；云表峰溪瀑流泉，风姿别冶。徐行缓缓，移步换景，依稀之间，竟似行走在梦中。待得辗转晴岚，在4月的芳菲里，撞见那一片映得芙蓉不是花的杜鹃花海，那浓淡相宜却又仿若要将天上人间所有妩媚全都燃进的红，无须多看，只需一眼，便已惊艳。

恋恋花间真颜色，眷眷青山不沾衣，离了杜鹃花海，坐上皮划艇，在被紫藤纠缠了千百年的蓊郁古树幽怨的注视下，顺河漂流，水花激荡欢颜，不知不觉，竟已飞跃星空、跨越重峦，来到了林山一片洁白的冰雪胜境里。

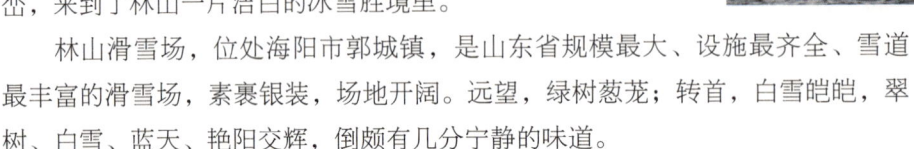

林山滑雪场，位处海阳市郭城镇，是山东省规模最大、设施最齐全、雪道最丰富的滑雪场，素裹银装，场地开阔。远望，绿树葱茏；转首，白雪皑皑，翠树、白雪、蓝天、艳阳交辉，倒颇有几分宁静的味道。

喜欢CS真人实地对战的小伙伴，步入雪场，首先要去的肯定是雪地CS射击场；喜欢探秘的姑娘，最眷眷的自然还是彩虹谷；相伴而来的他和她则更喜欢骑上雪地自行车迎着风一边唱情歌，一边和身边狂飙的雪地摩托来一场竞赛，谁输了，谁就去蹦极崖上溜达一圈，就当练胆了；当然了，若是对一看就比较高冷的冰雪滑道没什么挑战欲，去滑滑草、滑滑水，玩玩草地悠悠球也挺不错的。总之一句话，自己开心就好！

阳光如海，海若艳阳，每一滴海水都折射着一个斑斓的世界，所有的阳光都缤纷着最温醇的向往。走进海阳，漫步阳光，林木青影里，千里万里，不变的永远都是那初雪飘落时不泯的淑丽，是那朦胧却真实的远方。

▲ 海阳跨海大桥

**旅程随行帖**

### 海阳名产

  人这一辈子，辜负的太多，错过的太多，说不上悔恨，但有的时候，错过了终归也是遗憾。海阳的风光绮秀，物产也极丰饶，各色各样的美食更不容擦肩，譬如海阳大樱桃、甜面酱、烤蛎黄。

  海阳樱桃，向为"春果第一枝"，有琉璃泡、秋鸡心、毛把酸等30多个品种，果大肉软，甘甜多汁，适宜鲜食。海阳甜面酱，原是清时贡品，味道甘美，甜而不腻，享誉中外。烤蛎黄则是海阳历史最悠久的一道海鲜名菜，北魏贾思勰曾在《齐民要术》中盛赞其鲜美，其菜也的确独具特色，令人垂涎。

## 专题

### 游山东，怎能不大方：特产在路上

最葱茏的岁月永远如歌，春秋辗转，最美好的时光亦不负流年。

行走在路上，撷春花、沐艳阳、采秋月、团冬雪，邂逅了太多的浪漫，路过了太多的倾城。但当思念的潮汐泛滥了远方的长堤，纵便眸底的眷恋再深、再重，我们终还是会选择回归。毕竟，路上风景再美，人终究是在漂泊，而那个被柴米油盐酱醋茶拖曳住四角的地方，才是真正的家。

回家了，不舍总是有的。青山秀水伫立霜天，绿树繁花镌刻无言，碧海蓝天总是清歌，曾经多少的美好，我们留不下、追不回，但临行之前，却总要带走一些只属于山东的"小玩意儿"，如面塑、风筝、楷雕等，馈朋赠友也好，自己留下也罢，终归是个念想。

#### 小玩意儿，大世界，鲁歌歌奇巧

山东面塑，滥觞于"牡丹之乡"菏泽，迄今，已煊赫近300多个春秋。

面塑，顾名思义，就是以麦面或糯米面为主料，用小刀、篦子、竹针等工具，调和各种各样的色彩，用巧手捏出的一个又一个奇趣又丰满的"面人"。

这些"面人"栩栩如

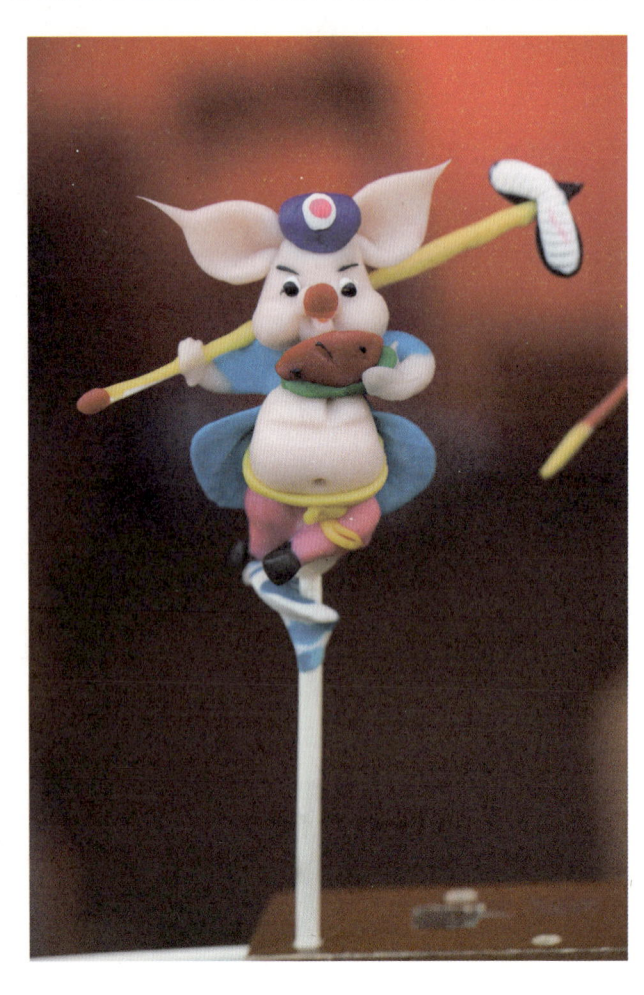

生，形象各异，有来自《西游记》中的"取经四人组"，有专打小怪兽的"奥特曼家族"，有最爱平底锅的红太狼和灰太狼以及永远都不会被抓住的喜羊羊，有闹海的哪吒、沮丧的龙王、黑脸的包公、彪悍的秦琼、婉约的白娘子……还有我们自己！

找个捏面人的摊子，请师傅捏一个自己，然后打包带回家，想想其实也是件很浪漫的事情。

若面塑代表的是一种静默的唯美，那风筝昭示的就是一种被放飞的精致。

在山东的艺术地标中，潍坊风筝向来独树一帜。

追本溯源的话，潍坊最早的风筝大概是战国时著名思想家墨翟突发奇想制作的一只"木鸢"，2000多年的岁月流转，"木鸢"变成了"纸鸢"，且发展出了软翅、硬翅、板式、立体、龙头串式等不同的品类，造型也早突破了"鸢"的限制。

市面上最常见的潍坊风筝是沙燕风筝，竹制骨架，丝绢蒙面，手工彩绘，精致异常。除了沙燕风筝，潍坊闻名于世的风筝还有很多，如龙头蜈蚣风筝、仙鹤童子风筝、板蝉风筝、宫灯风筝、蝴蝶风筝、麻姑献寿风筝、花鸟风筝、山水风筝等。路过潍坊时，顺便抱一只风筝回家，春光晴好时出去放一放，不愿放了便挂在客厅里、卧室里，权当一件精致的装饰，其实真的蛮好。

当然，若亲爱的你并不眷恋蓬勃于蓝天下的飞扬，更喜内敛、沉厚与宁静也没关系，放弃了风筝还有楷雕在等你。

曲阜楷雕，是以孔林中的楷木为原料，精工雕刻的一种传统艺术品。

受纹理与材质的局限，楷雕的类型并不特别丰富，最常见的有两种，一种为手杖，一种为如意。

楷雕手杖，质坚，无横纹，不暴折，天然屈曲，犹若龙蛇，雅致而韧，高端大气。

楷雕如意，玲珑精致，细巧淡雅，纹理如丝，似续似断，却连而不断。如意上，或镌花鸟，或雕鱼虫，或刻福禄云纹，大气些的，还会雕刻"群仙献寿"图、"九龙争春"图、"百子千孙"图等，人物栩栩如生，极为传神。

## 绣里藏真，方寸缎锦，布里有乾坤

最传神者楷，最柔情者绣，邂逅山东，若不能带几幅鲁绣回去珍藏，终归是一种遗憾。

鲁绣，是中国八大名绣之一，盛于北地，粗犷中见秀雅，豪放里显精微，风格清隽，一如泼墨山水，不见敷彩，却显华章。

作为山东最雍容多彩的一种艺术，鲁绣的品类颇繁，除了最闻名的济南发丝绣，烟台抽纱、即墨花边、蓬莱梭子边、招远网扣绣花、威海满工扣锁、乳山扣眼、烟台绒线绣花、临清哈达等也都针针隽秀，线线绮丽，令人叹为观止。

相比于苏绣、蜀绣，鲁绣风格较旷达，构图极大气，色彩也颇明丽，鸳鸯戏水、牡丹富贵、渔村晴烟、枫林晚雨、柳林蔷薇等各种图案层出不穷，有的用于衣饰，有的用于床饰、桌饰，有的干脆就是绣里书画，雅观得很。

绣里生活多烂漫，锦上春秋歌霞彩，既倾慕鲁绣的雍容，自没有理由忽视鲁锦的绝丽。

鲁锦，不是锦，而是流行于鲁西南的一种纯棉棉布，俗称老粗布、家织布、手织布，触之略显粗疏，纹彩却颇绚烂。

或许，很多时候，粗疏就意味着品质不佳，但鲁锦却非如此。鲁锦之妙正妙在粗疏，因不致密，方显脊理，厚重朴实，既适合刺绣，也适合裁衣。山东一省，鲁锦的产地颇多，最著名的是济宁嘉祥，走进嘉祥春秋源里，看着那坐在织布机前舞灵梭、织彩线的织女，看着那已经织好的一幅幅洋溢着浓郁民族色彩与乡土气息的鲁锦，此心飞扬，总是难忘。

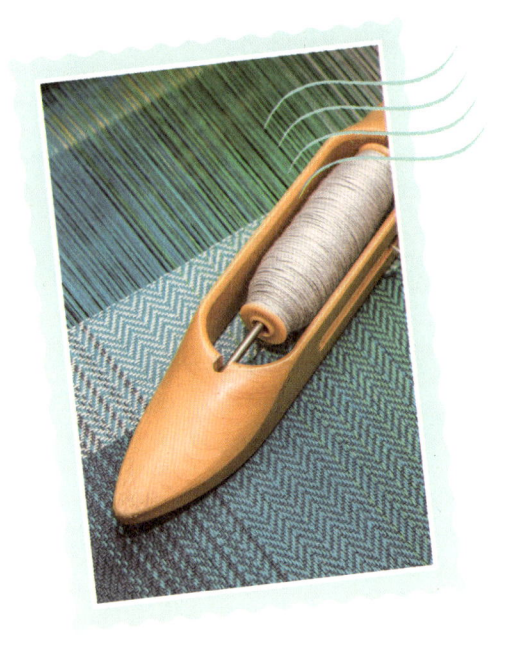

## 石上语，锡上歌，琉璃应如玉

锦绣过后，春华转眼，但最能镌刻记忆的其实还是那巍巍泰山石、盈盈琉璃器、眷眷锡上歌。

泰山石，是原产于泰山的一种观赏石，质地坚硬，纹理清晰，古朴苍厚，民间说法称其有驱邪纳福、镇宅辟邪之效。石大小不一，形态各异；石面多灰中蕴青、褐中含黛；纹理或凹或凸、蜿蜒流转，或若高山飞瀑，或若古树鸣禽，或似天上群仙、百态千姿。大的磅礴，小的玲珑，以赏玩论，绝然佳品。

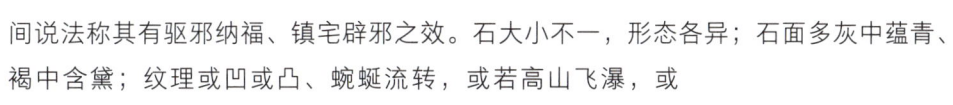

淄博美术琉璃，早在600年前，就已盛名鲁地，有料兽、刻花、珠帘、花球等多个品类，质地晶莹，色彩明艳，或精雕为器皿，或巧琢为玩器，巧夺天工。相形之下，威海锡镶梦幻不显，却更精致。锡镶的纹样，清晰生动，变化多样，能满足不少文艺青年的向往。

特产几多，回忆更多，走一趟大山东，总要带回点儿什么，无拘多少，不论贵贱，心意到了就好。

# 绝色山东，倾城岁月里的水色山青

选题策划：王牌智库
文图编辑：白海波
美术编辑：罗筱筱
图片提供：视觉中国
　　　　　北京全景视觉图片有限公司
　　　　　汇图网